2万人以上のお肌をよみがえらせてきた

美容家・今井悦津子の「勝ち肌」人生の歩み

1976年　8歳
2度目の発表会で「紅葉獅子」を踊る

1974年　6歳
初めての発表会でも緊張なく
「蛍」を踊る

私の美意識の原点は、幼少時から学んできた日本舞踊です

1986年 18歳の頃
新舞踊「あさきゆめみし」

1980年　12歳
長唄「博多人形」を披露

1988年　20歳
振付師である師匠から
薫陶を受ける

1988年　20歳
1曲30分の大作「藤娘」は、
4度の衣装変えで観客を魅了

1995年　27歳
この頃になると
1つの曲を15分程度で
覚えるようになるまで上達

2003年　35歳
毎年の発表会にて
10曲以上の
様々な踊りを披露した

2003年　35歳
日本舞踊を学びながら
化粧品会社で働き、
お肌の悩みの解決法、
美容の道を
模索していった

1989年　21歳
お肌がボロボロで硬く、ファッションなどで
ごまかしつつも、顔が腫れていた頃

化粧品会社に入社し、自分自身のお肌の健康と向き合ってきました

1994年 27歳
エイボン販売員時代の
表彰式にて

1990年　22歳
お肌の悩みは尽きず、
必要な時以外は
顔を隠して紫外線に
全く当たらなくなった

2000年
全国会議でのプレゼン風景。
「化粧品は使い方が８割」などの
内容を発表して好評を博す

2000年
アメリカにて。全国１位のトップセールスとなり、
エイボン社より表彰される
（右から２人目が著者、右端が
当時エイボンのCEO・アンドレア・ジュング氏）

2008年
入社から変わらず、毎日あふれる程の
営業力を発揮していた日々

2002年
社員時代、多くの
メンバーに恵まれた

2002年
社内全国会議

2009年
全国会議でのプレゼン
（左から2人目が著者）

化粧品会社のトップセールスとして、多くの方々に美肌法を伝えてきました

2007年　年始の会議で
一年の仕事の目標を宣言

2007年
社内ファッションショー

2007年
華麗なるファッションショー
「美しく変身」のコンセプト

2013年　独立起業し、
新たな化粧品開発へと
心血を注ぐ

2013年　日本臍帯・
胎盤研究会
第一回参加時

2017年　販売員向けの月例ミーティング
（姫路の著者サロンにて）
更に進化した化粧品の使い方をアドバイス

2017年　サロンのスタッフとともに
（右から４人目が著者）

これからも美肌への追及を
続けていきます

2017年
今後もお客様のお肌の悩みに
丁寧に応えていきたい

2016～2017年放送
J：COM 放映番組
「なっ得ショッピング」中での
「美容家 今井悦子の美容講座」
（全12回）

素敵な「勝ち肌」を手に入れて幸せになる！

シミ、シワ、くすみ、たるみ、毛穴…
お肌のトラブル、もう悩まない

今井悦津子
株式会社アヴァンダンティア代表取締役

現代書林

はじめに

はじめまして。美容家の今井悦津子と申します。

私は兵庫県姫路市と東京都内でエステサロンを経営しながら、オリジナル化粧品の製造・販売を手掛けています。私の初めての著書を手にとってくださり、ありがとうございます。

この本に興味を持ってくださった皆さまは、自分の肌にお悩みがあるのではないでしょうか。特に、年齢を重ねている方々は、若い頃にはなかったシミ、シワ、乾燥、たるみなどのトラブルに多少は悩まされ、少しでも良い方法を探されているかもしれませんね。

そんな皆さまに、私は本書を通じて伝えたいことがあります。それは、

「何歳になっても、肌はお手入れ次第できれいになる」

「肌がきれいなら、人生に勝てる！」

ということです。

私は、25年ほど前から美容のお仕事に携わり、これまで延べ2万人もの女性の肌を見て、触れてきました。長年、おおぜいの女性の肌に接してきたおかげで、今では人の顔を見れば、どんなお手入れをしてきたか、ひと目でわかります。

私から見ると、肌のお手入れ方法がわかりづらく悩んでいる女性が多いと思います。悩んだまま解決法が見つからずケアをしていると、ますます加齢による肌トラブルも起こしてしまっているのではないでしょうか。

今は多くの人が、ネットなどから色々な美容情報を得ることができますが、選択肢が多くなってしまったため、またさらに正しいケア法を選ぶのが難しくなっているのでしょう。そのために、情報に振り回されてしまい、ますます肌トラブルを起こしている人が多くなっているのが現状です。

「高級な化粧品を使っているのに、全然きれいにならない……」と言う人も少なくありません。確かに、化粧品の品質は大切です。しかし、いくら良い製品を使っていても、使い方を間違えていれば、その効果は得られません。

化粧品は、使い方で8割決まります。正しい使い方をすれば、その効果を120%生かせるのです。

本書では、そんな化粧品の正しい使い方や、美肌になるためのマッサージ法、立ち姿、メイク法などを「勝ち肌ケア」と名づけ、多数ご紹介しています。また、体の中からきれいになるための食べ物や飲み物についても触れています。

これまで、さまざまな美容法を試してきたけれど肌トラブルが解決しなかった方。高級な化粧品を買っては試し、また買っては試すことを繰り返してきた方。そんな皆さまには、ぜひ「勝ち肌ケア」を続けて、トラブルに負けない肌になっていただきたいと思います。

この「勝ち肌ケア」は、何歳から始めても手遅れということはありません。年齢を重ねれば、誰でもシワやシミが目立つようになり、皮膚の再生速度も緩やかになります。若い頃のように、一晩で肌がプルプルに戻るのは難しくなってしまいます。

しかし、正しいお手入れを続けていれば、肌は必ず応えてくれます。お肌のトラブルが解決しなかったのは、お手入れの方法が少し違っていたからです。

私が今、自信を持ってそう言えるのは、2万人の女性の肌に触れてきた経験からです。そして、私自身が正しいお手入れを見つけて「勝ち肌」にめぐり合い手に入れることができたからです。

私は現在50代ですが、シワやシミがほとんど目立たないからでしょうか、ありがたいことに30代半ばの肌に見られることもあります。

しかし、私の肌が特別恵まれているわけではありません。本文で述べていきますが、むしろ、子どもの頃から肌が弱くて、20歳前後でもシミ、シワに悩まされるほどでした。今まで人一倍、肌に悩んできたからこそ、正しいお手入れ方法を追求して、50年のうちのほとんどを悩み考え、諦めずに多くの時間を費やし、肌をよみがえらせることに行きつくことができたのです。

あんなに肌がボロボロだった私が、30代と間違われるまでのきれいな肌になったのです。それは、本書で紹介する「勝ち肌ケア」のおかげなのです。

勝ち肌ケアを実践し続ければ、見た目年齢が10歳以上若返るのも、決して夢ではありません。

私はこのお手入れ法をサロンのお客様方にお伝えし、見違えるほど美しくなられるのを喜びとしてきました。そしてこれからは、もっとたくさんの女性にきれいになっていただきたい。そう願って、本を出すことを決めました。

ぜひあなたも、正しいお手入れを身につけて、「勝ち」肌を手に入れませんか?

2018年3月

株式会社アヴァンダンティア 代表取締役　今井悦津子

contents

Part 2

これだけ守れば大丈夫！　勝ち肌ルール

Part 3

実践！　勝ち肌を作るケア&メイク

contents

Part 1

肌がきれいなら、全てに勝てる！「勝ち肌」になろう

私が皆さんに「勝ち肌」をおすすめするのは、
自分自身が肌のことで長い間悩んだ末、
ようやくきれいな肌を手に入れたから。
間違いだらけのお手入れに右往左往して、
一度は肌をボロボロにしてきた私だからこそ、
今、多くの方に「美」を提供できるのです。
そんな私の人生を変えた「勝ち肌」とは何か、
お話ししましょう。

「勝ち肌」で人生が変わった！　20代よりきれいな50代の私

この本を手にとってくださった皆さんは、きっと「勝ち肌ってなに？」と思っているでしょう。結論から先に言いますと、それは「人生に勝てる肌」「心身ともに丈夫で豊かな肌」です。

私は、美容業界に25年近く身を置き、延べ2万人以上のお客様の肌を見て、お手入れをさせていただいてきました。現在は兵庫の姫路と東京都内で美容サロンを経営しています。そこでは、お客様方がきれいな肌を手に入れることで人生に「勝つ」ために、肌のケアやアドバイスをしています。

そして今、この本をご覧になっているあなたに、ぜひ「勝ち肌」を手に入れていただきたいと願っています。

「そんなこと言っても、私なんて生まれつききれいじゃないし……」

「もう年だから、いまさら手遅れでしょ……」

こんなふうに思われたでしょうか？

顔の造作や骨格などは、確かに変えにくいものですが、肌は違います。肌は、きちんと正しいお手入れをしさえすれば、必ず応えてくれます。

また、「美しい」とされる顔は時代によって変わりますが、「肌の美しさ」は、いつの時代でも変わりません。肌だけは、努力しだいで誰でも、いつでも美しくできるのです。

私はもともと肌が弱く、子どもの頃からボロボロの肌にずっと悩んでいました。しかし、25歳で美容の仕事を始めてから、頑張ってお手入れをするようになったら、周囲からたびたび「お肌、きれいですね」と言われるようになりました。


長年、一年中肌荒れがコンプレックスだったので、最初はその言葉を信じられませんでした。でも、何度も言われるうちに、自分でもだんだん「そうかな？」と思えてきました。そうすると、仕事にも自信が出てきて、どんどん成績も上がります。すると、肌ストレスがない上に仕事も順調で褒められるようになり、ますます自信を持てるようになったのです。

人から「きれい」という魔法の言葉を言われていると、どんどんきれいになるものなのですね。今は50代となった私ですが、コンプレックスが少なくなり20代の頃よりきれいだと自信を持って言えます。自分のサロンのスタッフたちにも、「すっぴんがきれい」「すっぴんのほうが好き」「すっぴんのほうが良い」と言ってもらえたりします。

若い頃は、まさか50代になって「すっぴんが好き」と言ってもらえるとは思いもよりませんでした。私は、努力することによって「勝ち肌」を手に入れたのです。

きれいなだけじゃない、人生に勝てる肌になろう!

25年近く美容の仕事をしてきた私が、自信を持ってお伝えしたいことがあります。それは、「肌がきれいなら、人生にも自分にも勝てる」ということです。

肌がきれいだと、清潔感や透明感が出て、それだけで他人に与える印象がグッと良くなります。

例えば、テレビや映画で美しい女優さんがボロボロに泣いているシーンでも、全く汚くならず、泣いていても美しいので手を差しのべたくなります。たとえ酷く悲しい泣いている場面でも、肌がピカピカで透明感があれば、それもまた、きれいに見えますよね。決して悪くは見られません。

手を差し伸べるのは、男性とは限りません。子どもやお年寄りだって、女性だって、美しいもののほうに心惹かれるものです。これは自然の摂理です。

現実社会でも、同じことがしばしば起こります。肌がきれいで清潔感のある時は、何かと人に助けてもらえる、つまり人のやさしさに触れる機会が多いのです。女性であれば、それでホッとしたり温かい気持ちになったりするでしょう。生きていく上で、そういう瞬間の積み重ねはとても大切です。

反対に、肌がボロボロの時には気持ちや身体も弱っていたりすることも多く、もしそんな時にぞんざいに扱われると、心がもっとささくれ立ってしまうかもしれません。実際は清潔にしていて、規則正しい生活を送っていても、肌トラブルだけで真逆に見えてしまうことすらあります。残酷なようですが、よくある話です。

とはいえ、今のご時世、ただきれいなだけでは本当の「勝ち肌」とは言えません。

かつての「世間が思う女性の生き方」は画一的なものでした。私も20代前半で結婚して、子どもを産んで、家事を中心に家庭を守っていくことが「女の幸せ」と信じていたのです。

最近の現状は、結婚して子どもを産んだあとの40、50代の女性たちも、外に出て仕事をすることが多くなっています。世の中の理想の女性像も、「家庭のことをしっかりやりながら仕事も続ける」というように、時代とともに移り変わっています。

そんな中、家の中にばかりいて、日にも当たらぬか弱い女性の白い肌が、「勝ち肌」と言えるのでしょうか？　そういう「ただきれいなだけ」という美しさは、もう本当の意味で「美しい」とは言えないと私は思います。

社会に出て、色々な人間関係にもまれてストレスも受けながら、それでも生き生きと頑張っているのが、今の女性たちです。そんな今の女性たちの強い生き方、戦う人生そのものに合った強い心と美しく衰えない肌こそ、勝ち肌と言うにふさわしいのではないでしょうか。


女性が強くなった時代と言われますが、生きていく上では、何かと辛いことがあったり、悔しい思いをしたりすることがあります。それでも、肌がきれいなら、自信を持って人と接することができ、前を向いて顔を上げて生きていくことができます。

そう、勝ち肌の「勝つ」とは、誰か他の女性に勝つという競争ではなく、自分自身の心に勝つ強さのことなのです。そんな人生を変える美しさ、強くて丈夫な心身に合う美しい肌を、「勝ち肌」と本書では呼びたいと思います。

コツコツと丁寧にお手入れを続けることで、「勝ち肌」は誰でも手に入れることができます。これから、その方法をたっぷりとお話ししていきますので、ぜひ楽しみにしていてください。

年齢を重ねるからこそ、美しい肌へ！

私は今50代ですが、30代くらいから、いえ、早い人では20代でもシミやシワ、たるみが目立ってくることがあります。そうなると、「もう自分の肌のピークは過ぎ去ったんだ」と思う女性は多いでしょう。

でも、私は努力次第で「美」は永遠に保たれると思っています。いえ、年齢を重ねたからこそ、本当の美しさを手に入れられると思うのです。

では、どうすれば年齢を重ねてもきれいでいられるのでしょうか？

若い頃は、何もしなくてもシミやシワがなく、形も整っていたりしますが、でもそれが加齢の流れとともに失われていき、何かを足さなければ保てなくなります。

年齢を重ねて肌が変化するのは、生き物として自然なことです。自然というのは、つまり「減っていくこと」です。

「自然には抗わないのが一番」などと言う人もいますが、放っておいては老化が進むだけです。酷なことですが、肌の細胞は減り、シワやたるみができてしまいます。

しかし、大人の女性は、経験が増えた分、若い頃にはなかった知恵を使い、肌や体に気を遣うことができます。足りないものは補い、減ってしまったものは増やして、調整することができるのです。そうすれば、自分の弱みを克服しながら、強みをもっと素敵に輝かせることができ、自分で自分の肌にもっと愛着を持ち好きになれます。

とはいえ、手を加え過ぎるのは問題です。私は、美容の仕事を始める前の20歳前後の頃、良いと言われる化粧品や美容法を片っ端から試していました。先ほどもお話ししましたが、子どもの頃から肌には非常にコンプレックスがあったので、自由にお金が使えるようになったら、気になる方法を全部試さずにはいられなかったのです。

化粧品は自然派と言われるマニアックな製品をそろえ、毎日トリプル洗顔をして汚れを徹底的に落とす。3日に一度は酵素洗顔。さらにベリベリッとはがすタイプのパックをしていました。

ついでに言えば、食生活も徹底的に「自然派」に変えていきました。最近流行りの「炭水化物フリー」の生活は、もう30年以上も前に実践していました。油脂も炭水化物も摂らず、口にするのは常温のミネラル水と自然派野菜だけ。豆腐一つとっても豆から手作り。それほどこだわっていたのに、当時はアレルギー性鼻炎がひどく、体中に皮膚炎が出ていました。皮膚科のクリニックを何軒受診しても、原因がわかりません。今思えば、エネルギー不足に陥り、身体が冷え切っていたのでしょう。

肌はどうなったかというと、あれほどこだわってケアしていたのに、カサカサでシミとシワだらけ。20代なのにおばあちゃんのような顔になってしまったのです。

この時のダメージを取り戻すまでには、相当時間がかかりました。そこで学んだのは、ゴシゴシ力を入れ過ぎてはダメだということ。足りないものを補う必要はあるけれど、過度に力を加えては、かえって逆効果なのです。

それから約25年。私は、自分自身と、延べ2万人以上ものお客様の肌を通して、確実にアンチエイジングができるケア方法を身につけました。それが、後ほどご紹介する「勝ち肌スキンケア」です。

それは、魔法のようにパッときれいになれる方法ではありません。アンチエイジングに限らず、肌に関しては、何か一つのケアで劇的に良くなるとか、これさえ使っていれば大丈夫とか、そういうお手軽な方法はあり得ないのです。

正しいケアを、毎日コツコツと丁寧に続けること。間違ったケアをしないこと。そして顔だけでなく、心も体も健康であること。誰かがしてくれるものではないので、自分で自分のことをちゃんと見てケアをしてあげてこそ、「勝ち肌」になれるのです。自分のこと、自分のお肌を大切にしてあげてください。

美の原点は、コンプレックスにあった！

「勝ち肌」になるための方法をお話しする前に、なぜ私が「美」をテーマに生きるようになったのか、そしてここまで肌の美しさにこだわるようになったのか。その原点をお話ししましょう。

兵庫県姫路市に生まれた私は、小さい頃から体が弱く、年に10回以上は高熱を出すほどでした。1か月に数日は必ず元気がないという調子です。肌にはニキビが絶えず、きれいな状態の時がないくらいでした。30歳を過ぎてわかったのですが、腎臓に先天性の浮腫があり、そのせいで免疫力がひどく下がりがちだったそうです。

当時はそのことがわからず、親たちは私の体調のことをあまり気にしていませんでした。私は負けん気が強く、熱が出ても学校を休まずに真冬でも半袖半ズボンで毎日元気いっぱい明るく過ごしていたからというのもあります。ましてや肌のことなんて「二の次」という時代でもあり、「元気であってくれれば肌なんてどうでもいい」としか思われていませんでした。

しかし私は、自分の肌が嫌でたまりませんでした。なにしろ、小学生なのに顔中ニキビだらけで、顔が腫れ上がっているのです。顔は熱くて熱を持っているけれど、体は冷え切っているというおかしな状態でした。「なんで私だけこんなにブツブツなんだろう？」と思いながら、ずっとまわりの子たちを逆に不思議に思っていました。

それでも、親たちは「ニキビなんか20歳過ぎれば治るから」としか言いませんでした。本人がこれほど気にしているのに、親に気にされたことがないということが、もしかしたら私の「美」の追求の原動力になっているのかもしれません。

中学生になっても、肌荒れやニキビは絶えませんでした。どうすれば肌がきれいになるのかわからず、とにかく菌を落とすために顔をゴシゴシ洗ったりしていました。

同級生で体の弱い子でも全然ニキビがなかったり、すごく汗をかくのに肌がツルツルの子がいたりすると、「なぜなんだろう?」と考えました。

よく見ると、肌の色が白い子もいれば、ちょっと黄色い子やくすんだ感じの子もいる。自分が肌のことを気にしているから、いつもまわりの子やテレビなどで芸能人の肌を観察していました。皮膚に関する本も読みあさったりもしました。あまりにも肌のことばかり考えて観察していたせいで、今では、肌を見ればその人の性格までわかるくらいです。

また、当時は少なかったと思いますが、この頃からお小遣いで化粧品を買ったり、新しいケア法を試してみたりするようになりました。こうして自分なりに色々な美容法を調べ、だんだん美容にのめり込んでいったのです。

私の美意識の原点・日本舞踊の美の世界

コンプレックスでいっぱいの子ども時代を過ごした私ですが、かたわらには常に素晴らしい美の世界がありました。6歳から始めた日本舞踊です。

私が5歳だった時、母が役員をしていた地域の婦人会に連れていかれたのですが、そこに日本舞踊の先生が招かれていました。その踊りを見て、私は「どうしても習いたい」と言い出したそうです。自分ではよく覚えていませんが、何か感じるものがあったのでしょう。１人だけ子どもが入るのは無理だというところ、どうしても習いたいとさんざん駄々をこねて、1年後に3つ上の知り合いの近所のお姉さんと一緒にお稽古してもらえることになりました。

私の師匠は56歳も年齢が離れている男性なのですが、女性以上に立居振る舞いが美しく、物腰もやわらかでした。おじいちゃんなのに、ただ立っているだけで、得も言われぬ美しさがありました。

師匠には、ふだん何気なく歩いたり人とお話ししたりする時の手ぶり身ぶり、指先一つの動かし方についても、粗雑に行ってはいけないと教わりました。一つひとつの所作に心が表れるので、一つひとつ関心を持って、舞台の上に乗っているような気持ちで日常も振る舞いなさい、とも指導を受けました。

その美に対する姿勢、素晴らしい考え方は、今の私の「美」を提供する仕事につながっていると思います。

また、お稽古の時は着物を着ます。日本の伝統美である着物姿で、美しく歩いたり座ったりする姿勢を学んだことも大きかったと思います。

この日舞を私は心から大好きで、40年近く続けました。ふだんは週2日、多い時は週6日もお稽古に通い、家でも徹底しておさらいをしていました。

短大を卒業してからは、先生として少し人に教えたりもしました。25歳で娘を出産する時は、出産する前日まで踊っていて、出産後20日くらいでお稽古に復帰しました。生後20日の娘が、お稽古場でスヤスヤ寝かされている横で、早くも踊っていたのです。

ちなみに、赤ちゃんの時に日本舞踊の拍子や音色を聞いていたからか、私の娘は独特の鋭い感性を持っています。その素晴らしい環境を思うと、私も「もっと小さい時から習いたかった」と思います。

師匠がご健在の間はずっと続けさせていただいた、今でも大切にしているたくさんの言葉があります。その中のひとつに「下手でもいいから、丁寧にしなさい」と教えていただいた言葉があります。

この言葉は、今でも私の心に深く根をおろしています。今、経営者としてサロンのスタッフを教育する時、「うまくできなくてもいいから、コツコツ頑張って続けてください」と言うことを心がけています。下手でもいいから丁寧にするというのは、仕事においても、「美」に関してもとても大切なことだと思います。

ところで、長年日舞を続けていたことは、じつは私の肌にとっては過酷なことでした。年に何回かある発表会の時は、舞台用の濃いメイクをするのです。今と違い、舞台用には強めの濃いドーランしかない時代です。落とす時は、ベビーオイルでゴシゴシこすらなければ落ちません。小学生の頃からそんな舞台用のメイクをしていた私は、余計に肌が荒れてしまい、回復するのにとても時間がかかりました。

日舞という美しい世界をつくり上げようとしているのに、肌がものすごく汚い……そのアンバランスさに、ひそかに心を痛めていました。

19歳でシワシワ、カサカサのおばあちゃん肌!? スキンケア迷走時代

高校生の頃から、色々な化粧品や美容法を試していた私は、22歳くらいまで迷走を繰り返してきました。トリプル洗顔をしたり、毛穴パックをしたり、水を変えてみたり。今思えば無茶なケアもして、なかなか復活しないようなダメージを負ってしまうこともよくありました。

悪いことに、私は16歳から19歳にかけて、毎年夏はサーフィンをしていました。ただでさえ肌が弱いのに、当時の楽しい興味に負けて強烈な日差しを浴びているのですから、19歳でも背中にシミが残り、さすがにショックを受け、その後サーフィンを止めたのですが、今度は乾燥を作るカラミンローションです。使っているうちにどんどん乾燥して、顔は19歳とは思えないほど目もとはシワだらけになってしまいました。

そこであわてて行ったのが、友人がアルバイトをしていたエステサロンです。これでもかというくらい水分や栄養分を与え、電気器具で血流を良くするという技は、さすがに効果を感じられるものでした。週1回の特別なケアを2、3回受けると、若いので回復も早くニキビや赤みが少なくなっていきました。この頃は確実に！お肌に悪いことは全てやりつくし、肌を人一倍傷め、治すことも人一倍手をかけてみたり、散々な怖いもの知らずのやんちゃぶりを発揮していました。

でも、「体が弱いのに、なぜサーフィンなんてするの？」と思われますよね。私は昔から、興味を持ったことはとことんやってみなければ気が済まない性分です。身体とお肌の弱さ以外は人一倍、毎日元気で活発。日舞もサーフィンもそうだし、バレーボールばかりやっていた時期もあります。短大時代は洋裁にハマッて、自分の着ている服の8割は自作でした。22歳で料理に興味を持った時は、勉強して調理師の資格を取りました。そして先に述べたように、豆腐を豆から作るほどのこだわり派になったのです。

私は自分に負けず嫌いで、何事も中途半端で終わらせるのはなかなか苦手です。私にとって、自分が納得するまでやらなかったことは、なかったことになってしまうからです。これは自分の美容に関しても同じで、手を抜いたり努力を欠かしたりすることがなかなかできず、今思えばとんでもない方法でも、身を持って体験してみなければ気が済みませんでした。良くしたい一心でやったことは一度失敗しても、納得しながら学習を繰り返してきました。

全部自分で体験したからこそ、私は今、美容のスペシャリストとして活躍できているのだと思います。

自分の体験を基に、「お化粧品を作るなら安全性を絶対大切にしよう」「最低限、今より良くなるようにしよう」というルールを作って、私は細心の注意を払いながら数多くのお客様と向き合ってきました。体も肌も最弱の私が安全なら、他の人にもほぼ大丈夫だろうということもある程度わかりました。

その甲斐あって、今私のサロンでは、シミ、シワ、くすみ、たるみといった悩みのある、あらゆるタイプのお客様方に喜んでいただいています。さんざん失敗してきたからこそ、肌に悩んでいる人たちに、本当に正しい方法を教えてさしあげられるのです。

憧れの化粧品会社で全国トップに立つ！

25歳で出産したのを機に、私の肌は再びトラブルに陥ってしまいました。ホルモンバランスを崩して、目のまわりはシミだらけ。0歳の娘を抱えてエステにも行けず、トラブル肌になってしまったのです。

この肌を自宅でなんとかしようと思って、化粧品の通販会社を色々と調べたところ、エイボンという会社に行きあたりました。エイボン・プロダクツは、1886年にアメリカで創業した歴史ある化粧品会社で（1939年から現社名）、日本支社は1968年に開業しています。私は20歳くらいの頃、「世界で一番大きくて絶対つぶれない会社」の一つとして社名を耳にしていました。そこで、「私が調べたこのエイボンは、あの有名なエイボンかな？」と思いつつ、試しに商品を注文してみたのです。

最初に、化粧水と乳液、洗顔料のサンプルセットをいただけることになり、どのシリーズでもいいというので、一番高価なシリーズをお願いしました。すると、その洗顔料であっという間にかぶれてしまったのです。「良い製品」といわれても、肌がかぶれてしまうことが多かったので、ある程度この結果は予想していました。

すぐにコールセンターに電話して、かぶれたあとの対処法を聞きたくて連絡をしたところ、対応してくださった男性がとても親切で、気持ちの良い丁寧な対応なのでびっくりしました。翌々日には、丁重な詫び状とともに代わりの品が届きました。

これをきっかけに、私はさらにエイボンの大ファンになってしまいました。会社も製品も人も、こんなに親切で丁寧で明るい会社は見たことがありませんでした。「あなたの肌の困ったという話は全部責任を持って聞きますよ。話してください」と言っていただいた時は、心から救われました。

エイボンは、世界中から集めた原料を、世界最高で最新の素晴らしい技術で製品化しており、日本の製品は、全て日本人向けに開発していることにも感激しました。

その後、エイボンにお世話になることになり、私は0歳児の娘を抱えたまま、20か所の会社や約300人のお客様に販売をしました。

1998年に新入社員として兵庫県の一部のエリアを担当した私は、翌年、成績トップで新人賞を獲得しました。次の年は、前年からの伸び率で全国1位に。約800人いる社員の中で一番の伸び率になったのです。担当エリアが北海道から沖縄まである中、「なんで兵庫県の片隅で!?」とみんなに驚かれ、「人口が少ないところで、よく頑張ったね」と褒められたのを覚えています。

新高輪プリンスホテルで大階段を上から降り、花束をたくさんいただくという夢のような表彰式がありました。ご褒美として、アメリカのニューヨークでも表彰式があり、ビル・ゲイツなどとともに「世界のトップ25」に入る、当時エイボンのCEOアンドレア・ジュング氏の隣で食事をご一緒させていただいたのも、普通の主婦からわずか2年後のことでした。

私の仕事は、管轄する地域の販売員さんを作りフォローをするエリアマネージャーでした。毎日欠かさず1～2名の新規の方々をリクルートしてお客様のところへ行き、それぞれに合った化粧品や使い方をおすすめします。毎日初めて会う方々なので、楽しくなるように言葉をかけ、説明の仕方を一つでも覚えてもらうようにしました。お話をきちんと聞いていただけるよう努力をして、その方がみるみるきれいになって、販売力と収入を得る力を身につけさせるマネージメントをしていきました。

私が出会った女性はどんどん美しくなり、きれいになった変化で本人もまわりの人も元気で美しくなっていくという人の輪が広がっていき、強いつながりができていったことが、全国トップの売上につながったのだと思います。

同時に、希望されるお客様には、私がマッサージなどのケアをしてさしあげました。化粧品の営業のため、使い方の指導をするために、個人でエステサロンのようなサービスもしていたのです。この「一人サロン」は好評で、のちに累計1000人以上のお客様のケアをすることになりました。この経験は、のちに自分の店をオープンしてからも生かされました。

25年間、顔を洗わなかったら、きれいになれた！

エイボンに惚れ込んで、販売をしながら自分でも使い込んでいくうちに、私の肌はだんだんきれいになっていきました。最初に高価格帯の洗顔料でかぶれてしまった私ですが、実はその頃から、どうしていいかわからず、私は顔を洗わなくなっていったのです。

10代の頃からダブル洗顔やトリプル洗顔を繰り返して肌がボロボロになっていた私は、21、22歳から過度に洗顔料を使わなくなりました。この時、「洗顔料は汚れだけでなく肌に必要な潤いも奪ってしまう」ことに気づいたのです。

それでも水で顔を洗っていたのですが、25歳の時、思いきって水洗顔も止めてしまいました。すると、カサカサだった肌がしっとりしてきて、だんだん肌が丈夫になってきたのです。

水道水の中には、実は消毒薬がたくさん入っています。私は特に肌が弱かったので、水道水を肌につけるだけでもピリピリと刺激を感じていました。そこで、酸性水や温泉水を毎日作り、使ってみたりもしたのですが、毎回すごく手間がかかっていた割にはいまいち肌の状態は良くなりません。「じゃあ、水自体いらないんじゃないかな?」と思って、洗顔を止めたのです。

以来、私は25年間、一度も顔を洗っていません。洗顔を止めてから25年たち、私は19歳の時よりも、25歳の時よりも、今のほうがずっときれいになったと言えます。

顔を上げるのも恥ずかしく、写真を撮られるのもイヤだった私が、今、堂々と前を向いて笑えているのは、洗顔を止めた時からなのです。

エイボン時代には、お肌が弱いお客様に顔を洗わないことをおすすめしていました。多くのお客様が、3日から1週間で明らかに肌の調子が良くなっていました。特にアレルギーやアトピー性皮膚炎のひどい方々は、大絶賛されていました。

日本人はきれい好きだから、汚れを落とそうと思ったら、ダブル洗顔でとことん落とそうとします。でも、それは肌にとっては逆効果な時もあります。肌が弱い人は特に、洗顔によってダメージも受けやすいのです。

「でも、顔を洗わないで、どうやって汚れを落とすの？」と思われたでしょうか。その方法は、後ほど詳しくお話しします。

洗顔に限らず、私は商品を人におすすめするために、自分なりに使い方を工夫したり、成分について独学で勉強したりしていました。

医学や美容に関する本を読み、セミナーなどにも足を運びました。マッサージの仕方や理論を習い、美容に関する社内外の取れる技術や資格はできる限り習得しました。

営業成績が良かったので、社内の研究職の人たちと話す機会も多くいただきました。この時得た成分についての知識は、のちに自分で化粧品開発を行う時に、とても役立ちました。

そうして得た知識でもって、丁寧にお手入れするうちに、私の肌は生まれ変わったようにみずみずしくなり、シミやシワもだいぶ良くなっていきました。すると、まわりの人から「きれいになったね」と褒められるようになります。嬉しくなって、もっときれいになりたい、とお手入れや追求を頑張るようになりました。その上たくさんの収入が得られた経験から「肌が生き返ること、肌がキレイになることは、女性にとって自信と勇気を与えてもらえること。こんな素晴らしい仕事があるなんて素敵！」とこの時心から思ったのが、今のこの仕事の形にも続いていると思います。

理想の化粧品を開発し、サロンをオープン！

会社を退職してから数年後、私は起業して自分の店をオープンさせることができました。私は自分の興味の赴くままに色々な仕事をしたり勉強したりしました。天然石の勉強をして宝石鑑定士の資格を取ったりもしました。朝から晩まで仕事や勉強をしていると、また寝る暇もないくらいの忙しさになってしまいました。すると、20代から50代まで体型は変わらずにいたのですが、途中は体力不足で倒れるようになっていました。

そこで強靭な体と肌を作ろうと思った時に、市販では自分が欲しいと思うような化粧品がありませんでした。化粧品の成分についてさらに勉強していたので、前会社の商品ですら、今の自分には少しかぶれ、毛穴が開いてしまうとわかっていました。

「だったら、自分で化粧品を作ろう！」

そうひらめいた私は勉強した鉱石で化粧品を作りたくなり、さっそく会社で親しかった上役や、物理や化学に詳しい研究職の人たちにも相談しました。しかし、私の求めるような化粧品を作るのは、今の技術では難しいという回答でした。

思い描く化粧品ができないと残念がっていると、その時たまたま原料を供給する会社の社長から、プラセンタのサプリメントをもらったのです。

化粧品開発のことで頭がいっぱいの私は、「プラセンタ？　知ってるよ」としか思わなかったのですが、せっかくだから1週間、通常の4～5倍の分量をまとめて飲んでみました（本来は決められた分量にしなければならないので、決して真似はしないでください）。

すると、肌のハリツヤが良くなり、色も白くなり、シミも薄くなったのです。その違いは、一目瞭然でした。よくある市販のサプリメントと違い、超高濃度のプラセンタだったのです。

プラセンタとは、お母さんのお腹の中で赤ちゃんを守り、育てる「胎盤」のことです。プラセンタには「細胞増殖因子」という素晴らしい成分があり、たった1個の受精卵を細胞2〜3兆個の赤ちゃんにまで成長させる原動力となります。また、アミノ酸や糖質、ビタミン・ミネラル類などの栄養成分も豊富です。

これらの有用な成分が含まれていることから、プラセンタは古代より薬として重用されてきました。プラセンタの細胞増殖因子は、免疫をつかさどる細胞を増殖・再生させるため、自然治癒力や免疫力が高まる可能性が期待できます。また、細胞を老化させる活性酸素を除去する作用があるので、アンチエイジング効果もあります。あのクレオパトラやマリー・アントワネットも、美容や若返りのために愛用していたと言われているほどです。

現代の日本でも、プラセンタは医療用のほか、美容目的の健康食品や化粧品に使われています。しかし、残念ながら、確かな品質のプラセンタを高濃度で配合している製品ばかりではありません。プラセンタとは名ばかりの、粗悪な品質の健康食品や化粧品が多いのが現状です。

それを教えてくださったのは、日本臍帯プラセンタ学会理事の筒井浩一郎医師です。筒井先生は、福岡・博多で美容クリニックを営みながら、プラセンタの再生医療への利用を研究されています。

私は、日本臍帯プラセンタ学会が開催した、第一回「日本臍帯・胎盤研究会」で講演をされていた筒井先生にお願いして、プラセンタのことを詳しく教えていただきました。プラセンタについて、またプラセンタを化粧品に含めることについて、筒井先生はこのようにおっしゃっています。

「私が胎盤（プラセンタ）に着目した理由について、私自身が自分のクリニックで実践できるレベルでの再生医学というものを考えていまして、それを何らかの形で実現したいという気持ちがありました。再生医学というのは発生学（受精から新生児誕生直前までの学問）を下敷きに進化してきたんですね。再生医学を実践するなら、基本中の基本である発生学を研究しなければと思い、胎盤や臍帯に興味を持ちました。

プラセンタの成分に含まれているサイトカイン（細胞増殖因子）は、表皮や真皮の若返りに大変有効な成分ですが、加齢によって体内から減少してしまい、体内のサイトカインのバランスが崩れてしまいます。このバランスを改善するためにプラセンタを摂取することは有効です。とはいえ、これを化粧品に含めるのは簡単ではありません。サイトカインはペプチドというタンパクでできていますが、タンパクは熱に弱く、いかにタンパクを破壊しないように加工するかというのがポイントの一つです。

サイトカインの中でもＥＧＦ、ＦＧＦ（Ｐａｒｔ２で後述）という物質が表皮、真皮の若返りを実現し、逆に体のサイトカインの生産量が低下すると、結果としてお肌が若い頃と比べてきちんとメンテナンスできない状態になります。

プラセンタの中にはこのお肌のメンテナンスを担当するようなサイトカインが含まれていますから、サイトカインが体に入ってくると再び若い頃のお肌の状態に少しずつ近付いてくるということが起こります。

そして老化とともに、ある種のサイトカインは減少し、ある種のサイトカインは増加するのです。赤ちゃんが母親の子宮の中で発育成長していく時のサイトカインバランスというのは大変望ましく、胎児にとっては発育成長につながるサイトカインバランスなのですが、人間として成熟を超えた我々から見たら、これは結果的には若返りの元になる可能性があるというわけです。

プラセンタによってサイトカインを補給することによって、我々のサイトカインバランスが改善されることを期待しています」

そこで私は、本当に高品質なプラセンタ配合化粧品を作ろうと思い立ち、先の社長に懇願しました。まず、加工方法に徹底的にこだわり、入れたい成分、入れたくない成分を決めます。化学物質は極限まで減らしたいという意志を伝えて試供品を作ってもらい、分析表を見せてもらいました。

何度も試作を繰り返し、ついに２０１２年、私の作った化粧品が製品化しました。翌年には、私の理想とする美を提供する場として姫路に鉱石と化粧品のサロンを開き、２０１４年に法人化しました。

ようやくできた化粧品を、筒井先生はこう評価してくださいました。

「他の化粧品と違うのは、有効なサイトカインを健全な状態で温存できるような製造方法を用いているというところです。今井社長の真面目さ、熱心さ、そして私たち医療者とはまた違った観点からの素晴らしい発想が製品開発を可能にしたと思っています」

こうして、肌の弱い女の子が研究熱心なところから美を追求するうちに経営者になり、代官山にもお店をオープンすることができたのです。

女性は誰でも、みんなきれい

会社をつくって一番良かったのは、事業によって社会貢献ができることです。もちろん収益を得ることも大事ですが、私は社会の役に立ちたい、世の中に何か恩返しをしていきたいという思いが、もともと強くありました。

この世は、人と人のつながりでできていて、人から教えていただくことがとても大切です。私も、「美」を提供することで人とつながりを持ち、人のお役に立つことで貢献していきたいのです。それは、お客様をきれいにしてさしあげることでもあり、スタッフ一人ひとりを育てていくことでもあります。

その思いを先へ先へとつないでいきたいと思えば、会社をつくらなければなりません。そのためには、最高の化粧品を作ることが必要でした。その化粧品の使い方を多くの人に伝授して、良いものをもっと良い状態で使っていただけるようにするのが、私がしてきた最大の社会貢献です。

今は、より多くの人に「美」を提供したいという気持ちで、これまで培ったきれいになるためのノウハウを、皆さんに可能な限り伝授したいと願っています。

スキンケア用品はどういう順番で使ったら良いのか。マッサージはどうやって指を動かすか。朝にどんなケアをすれば、一日中メイクが落ちないのか。

「美」をつくるためには、本当に細かなポイントがたくさんあります。ちょっとしたコツで、「きれいな人」という印象に見せることもできます。そうなると、先に述べたように、まわりの人から温かさを受け取る機会も増えます。

自然界のものであれ、人間であれ、美しいものを見ると、誰もが感動を覚えたり、心がホッとしたりします。いままでもこれからもずっと、それは変わりません。

私からすると、女性は誰でも、みんなきれいです。顔形にはそれぞれ個性がありますが、可愛く見えたりきれいに見えたりするのは人それぞれで、好みの問題です。しかし、肌のきれいさに関しては、万人共通です。

生まれた時は、どの子も肌がきれいで可愛らしいですよね。それが年齢を追うごとに何か足りなくなってきたり、余計なものが増えたりします。それでも、体の衰えや心の弱さを自分で調整して、何かに挑戦したり、努力したりしている姿は、やはり美しいと思います。そうして少しきれいになったり可愛くなったりして、自分に自信が持てた時は、凛とした美しさがさらに出てきます。それは、女性ならではの魅力です。

美しく見えるポイントは、姿形や、立居振る舞いやしゃべり方など、色々な要素がありますが、一目瞭然なのは肌の美しさです。その肌を、まずはきれいにしませんか？

Ｐａｒｔ２から、私の経験から考えた「肌をきれいにするため」のノウハウを披露していきます。ぜひご一緒に、肌から人生を「勝ち」に変えましょう。

Part 2

これだけ守れば大丈夫！勝ち肌ルール

年齢を重ねても「勝ち続ける肌」になるためには、
守るべきルールがあります。
でも、それを知らずに間違ったケアをし続けて、
肌が年齢に負けてしまった女性たちがいっぱい。
なぜそのルールが必要なのか？
どんなケアが効果的なのか？
きちんと理解して、
「勝ち肌」を手に入れましょう！

勝ち肌ルール　その1　顔は水でも洗わない

Ｐａｒｔ１でも述べたとおり、私は25年間、顔を洗っていません。

「顔を洗わないことがルール」なんて言われると、たいていの女性は尻込みしてしまうかもしれませんね。なにしろ「しっかり汚れを落とすのがスキンケアの基本」と信じ込んで、クレンジングと洗顔料を使ったダブル洗顔、トリプル洗顔を徹底してきたのですから。

水では、メイク落としはしても、ダブル洗顔どころか、１回も洗わなくていいのです。いや、洗わないほうが肌にとってはずっといいのです。

私自身、顔を洗うのを止めたら肌トラブルが治まったことは、前にお話ししましたね。25年前、この効果に気づいた私は、当時のお客様たちにも、顔を洗わないことをおすすめしました。最初は半信半疑だった方々も、しばらく経つと、「肌がしっとりしてきた」「なんだか前より調子がいい」と驚きの声を寄せてくれました。

特に、アトピー性皮膚炎など深刻な肌トラブルに悩んでいる人は、洗顔を止めると、とたんに肌の調子が良くなりました。そういう人たちは、普段、傷ついた肌を洗顔によってさらに傷つけてしまっているのです。

洗顔料は、どれほど「肌にやさしい」と謳っている製品でも、肌がキュッキュッとなるくらい洗って「サッパリした！」という感覚になります。これは、肌の弱い人からするととても怖いことです。肌の油分も水分も失われて、次の日には炎症で真っ赤っかになることは、すぐにわかります。

では、洗顔料は使わず、水だけで洗顔すればいいのでしょうか？

実は、水道水には消毒用の塩素が含まれています。かつての私は、それが刺激となり、水で洗うだけでも肌荒れを起こしていました。酸性水や温泉水なども試しましたが、結果はいまいち。

「それならば、いっそ水洗いも止めてしまおう」

そう決めてからは、あれほどトラブル続きだった肌の調子が安定しました。

それから25年間、私は顔を洗っていないのです。今の肌はみずみずしくふっくらとしていて、25年前よりきれいだと自信を持って言えます。私だけでなく、洗顔を止めた周囲の女性たちも、シミ・シワがなくなって若返ったと言っています。

洗顔料どころか、水で洗うだけでも、肌には負担がかかります。皮膚というのは、それほどもろく、傷つきやすいものなのです。このことを、ぜひ心に留めておいてください。

そして、「洗わない」ということと「不潔にする」ということは一緒ではないことをお話しいたしますね。

では、洗顔をしないでどうやって汚れを落とすのでしょうか？

メイク汚れは、クレンジング剤を肌になじませて落とします。この時、ゴシゴシと力を入れるのは禁物。皮膚が傷つかないように、そっと指をすべらせます。

そのあとは、洗顔料も水も使いません。コットンにローションと乳液をたっぷり含ませて、クレンジング剤を拭き取ってください。あとは、普段どおりにスキンケアをします。

「そんなことで、本当に汚れが落ちるの？」

と思われたでしょうか？

大丈夫、これだけでちゃんと落ちています。メイク汚れは、ようするに油なので、油性のクレンジング剤や乳液、クリームがあれば落とせます。これなら、ほとんど肌に負担がかからないので、続けるほどピカピカの肌になってきますよ。

朝起きた時も、やはり洗顔はしません。化粧水を含ませたコットンで、そっと拭くだけ。それ以上何かすると、大事な皮脂を取り過ぎてしまいます。ただし、手にはバイキンがついているので、お手入れの前によく洗ってください。

唯一、洗顔をしていいのはニキビがある時。ニキビの原因菌が繁殖している時だけは、水で菌をさっと洗い流す必要があります。ですが、毎回でなくても良いです。

どんな汚れの落とし方をしているかによって、毎日、肌には結果が表れます。長年続けていると、落とし方の差は、いっそうはっきり肌に差をつけていきます。何千人もの肌を見続けてきた私は、パッと見ただけで、どういう落とし方をしているかわかります。

さらに言えば、どのメーカーの洗顔料を使っているかもわかるくらいです。それくらい、汚れの落とし方は肌への影響が大きいということを、心しておいてください。

勝ち肌ルール　その2　一年中UVケアに手を抜かない、気を抜かない

肌を老化させる三大要素は、「紫外線・乾燥・過酸化脂質」です。中でも紫外線は、肌に

とって百害あって一利なし。どれほど防いでも防ぎ過ぎということはありません。それなのに、多くの女性たちは紫外線の害を軽視しています。

地上に到達する紫外線には、波長の長いA波と、比較的波長が短いB波があります。紫外線のうち9割を占めるA波は、雲や窓ガラスを通過して、一部は肌の真皮層にまで到達します。真皮層に到達したA波は、弾力を生み出すコラーゲンやエラスチン、ヒアルロン酸などを作り出す線維芽細胞にダメージを与えます。紫外線を浴びると肌が弾力を失い、シワやたるみができてしまうのはこのためです。

一方、全体の1割未満にすぎないB波は、窓ガラスを通過せず、皮膚の表面にしかダメージを与えません。とはいえ、そのエネルギーは非常に大きく、表皮に炎症や色素沈着を起こす原因になります。日焼けした肌が赤くなったり黒くなったりするのは、B波のせいです。B波を大量に浴びた表皮では、メラニン色素が活発に生成され、やがてシミが出てきてしまいます。

紫外線は、春から夏にかけて増えることを知っている人は多いでしょう。でも、A波に関して言えば、それ以外の時期でもピーク時の半分以上の紫外線が降り注いでいることをご存じでしょうか？　B波はA波より多くないものの、一年中絶えることはありません。

つまり、私たちの肌は、一年を通じてシミやシワ、たるみの原因となる紫外線の脅威にさらされているのです。それにもかかわらず、ほとんどの女性は、春夏はともかく、秋冬になると何も日焼け対策をしていません。これは大変恐ろしいことです。だから、UVケアは一年中、気を抜かないこと。これを「勝ち肌ルール」の2つめとします。

曇りや雨の日でも、秋や冬でも、UVケアは欠かさず行ってください。その際、注意していただきたいのは、UVカット機能の数値です。

日焼け止め製品に書かれているSPF値というのは、主にB波を防ぐ効果の高さです。SPF値は高いほど良いと思われがちですが、そういう製品は肌への刺激が強いものです。

そこで、UVケア機能のあるスキンケア用品やファンデーションを、SPF値の低い日焼け止めと重ねづけしましょう。一つひとつのSPF値は低くても、乳液、化粧下地、日焼け止め、ファンデーション……といくつも重ねづけすれば、肌にはやさしいままで、SPF値が高い日焼け止めをつけるのと同じくらい防ぐ効果を得られます。

一方、PA値は主にA波を防ぐ効果を表します。「＋」の数が多いほど効果が高くなり、「＋＋＋＋」が最高です。PA値に関しては、効果の高い日焼け止めを一つ使うのがよいでしょう。

ちなみに、紫外線は服を着ていても透過して、内臓にまで害を及ぼすと言われています。それを避けるためには、日差しを避けるか、黒っぽい服やUVカット機能つきの服を着るしかありません。

やむを得ず紫外線を浴びてしまった時は、美白用の化粧水をたっぷり使ってローションパック（77ページ参照）をしてください。

また、日焼けした時こそ、「顔を洗わない」というルール（「ルールその1」44ページ参照）を徹底させるべきです。日焼けは肌に火傷を負っている状態なので、水洗いするだけでも刺激になります。メイクをコットンでそっと拭き取ったら、そのまま保湿して、皮膚を早く再生させましょう。

勝ち肌ルール　その3　一瞬たりとも乾燥させない

前述したとおり、肌を老化させる三大要素の一つに、「乾燥」があります。乾燥した肌に紫外線が当たると、潤った肌よりもダメージが深くなります。生の魚と干物では、干物のほうが早くこんがりと焼けますよね。同じように、乾燥した肌は潤った肌よりも線維芽細胞の損壊が激しく、メラニン色素による色素沈着も起こりやすいのです。

紫外線だけではありません。年齢を重ねるとシミやシワが出てくるものですが、肌の水分量が少なければ少ないほど、早く多く現れやすくなります。

困ったことに、シミやシワは一度できると、なかなか消すことができません。特にシミは、できてからの年数の3倍の時間をかけてお手入れしなければ薄くならないと言われています。

だから、シミやシワはできる前に、予防することが肝心なのです。そのためには、肌にたっぷりと水分を与えること。「一瞬たりとも乾燥させない」。これが3つめの勝ち肌ルールです。

「顔を洗わない」こともその一環です。繰り返しますが、どれほど「肌にやさしい」と謳った洗顔料でも、洗えば皮脂を取り去ります。大切なバリアを失った肌からは、水分がどんどん蒸発してしまい、乾燥肌になってしまうのです。

肌に水分補給をしっかりすることも大切です。Part3で詳しくお話ししますが、普段のスキンケアの他に、週2回は「ローションパック」をすることをおすすめします。薄くはいだコットンに化粧水をたっぷり浸みこませ、顔に貼るのです。定期的に行うことで、シミやシワが作られにくいしっとり肌を保てます。

勝ち肌ルール　その4　スキンケアアイテムはフルラインで使う

保湿で大切なのは、水分だけではありません。油分もしっかりプラスして、肌の内部に水分をとどめることが大切です。油分とは、乳液やクリームなどのこと。勝ち肌式のスキンケアは、化粧水・美容液・乳液・クリームの順に、フルラインで使うのが基本です。

こう言うと、「そんなにたくさん使うなんて面倒くさい！」とか「乳液でクリームの代わりにならないの？」などと言う人もいます。しかし、乳液はクリームの代用にならないし、化粧水と乳液だけでは十分に保湿できません。

なぜかと言うと、それぞれ浸透する深さが違い、役割が違うからです。

肌の表面は、わずか0・1ミリの表皮で覆われています。その表皮は、表面から奥に向かって角質層、顆粒層、有棘層、基底層に至ります。表皮の奥には真皮が、さらに奥には皮下組織があります。

化粧水は、角質層の表面までしか浸透しないのに対して、乳液は角質の内部まで浸透します。美容液とクリームはもう少し深い基底層まで影響して、そこにとどまります。美容液とクリームが高価なのは、表皮の一番奥まで浸透するからです。

一方、ごく浅い部分にしか浸透しない化粧水は、それだけではあっという間に蒸発して肌が乾燥してしまいます。それを肌にとどめるために、美容液を重ねて奥まで水分を届けるのです。さらに、乳液を重ねることで、皮膚の表面に油分と水分が均等に混ざった膜ができます。この膜が、せっかく奥まで届いた水分を蒸発させないためにフタとなって役立ちます。最後にクリームをつけると、ゆっくりと時間をかけて基底層まで油分を届ける役目を果たします。

表皮は、血液から水分や栄養成分を供給されて成長します。表皮の浅い層をメンテナンスするだけでは、一番奥の基底層に水分と油分が補給されず、その下の真皮から栄養を運んでくる「水脈」が開けてきません。表皮の最下層である基底層がカラカラの状態だと、真皮から水分すら入ってこなくなってしまうのです。

だから、基底層まで届く水分と油分、つまり美容液とクリームが必要なのです。

では、クリームがあれば乳液はいらないのでしょうか？　残念ながら、そうではありません。乳液は皮膚の表面近くにとどまることで、化粧乗りを良くする役割があります。化粧水も、表面の保湿のために必要です。とどまる層がそれぞれ違うので、それぞれを使う意味があるのです。

これが、乳液でクリームの代わりはできないし、化粧水は美容液の代わりにならない理由です。

普段、化粧水と乳液だけで済ませている人にとっては、フルラインが基本というルールは相当厳しいと思われるかもしれませんね。でも、「お手入れ」というのは、そもそも「手を入れる」ことです。肌というものは、手を入れる回数が多ければ多いほど、生き生きとしてきます。

自分で自分の顔に関心を持って触ってあげていることは、ちゃんと脳に伝わります。きちんとお手入れをしていること、肌を慈しんでいることが脳に伝わると、肌はそれに応えてくれます。

逆に言えば、どんなに高い美容液を使っていても、自分の肌に関心を持たなければ、効果が出ません。

化粧水と乳液、乳液と美容液を自分で勝手に混ぜて使ってしまう人がいますが、私はそういう人に「1つずつ意味があるので、なるべくちゃんと分けて使ってください」とアドバイスしています。

自分の肌に自信を持ちたいなら、面倒くさくても、ちょっと早く起きてフルラインでお手入れしてください。もちろん、肌の状態や季節に合わせて、「今日はべたついているから朝のクリームは省略しよう」などと微調整するのはかまいません。でも、基本はフルラインで。これが4つめの勝ち肌ルールです。

勝ち肌ルール　その5　肌は絶対にこすらない

顔を洗わないとなると、夜つけたクリームなどが「朝、油汚れとして残ってしまうのでは？」と心配になる人もいるでしょう。確かに、「肌を老化させる三大要素」の一つは「過酸化脂質」です。

乳液やクリームの油にせよ、自分の皮膚から出てくる皮脂にせよ、アブラと名のつくものは、全て時間が経つと酸化します。酸化したアブラは、過酸化脂質として肌を刺激し、シミヤシワを作り出します。

でも、過酸化脂質はコットンで拭き取るだけでも十分落とせます。実際、私だけでなく、私が指導したお客様たちも、洗顔を止めてから肌の調子が良くなったという人たちが大勢います。

なぜ、私たちは「朝からしっかり洗顔しなければならない」と思い込まされてきたのでしょうか？　おそらく、昔のナイトクリームはリッチで油分が多いものも多く、朝の肌がギトギトになっていたからでしょう。

現在市販されているスキンケア製品に、そんなにギトギトになるような商品はありません。だから、化粧水で拭き取るだけでも十分なのです。

さて、この「顔を洗わない」というルールに付随する重要なテーマが、「拭き取り方」です。先ほども言いましたが、皮膚の表面を覆う表皮は、わずか0・1〜0・2ミリの厚さしかありません。少し力を入れてこすると、表面の角質層はすぐにはがれてしまいます。それでは、いくら保湿をしても水分をとどめることができず、乾燥して老化が進んでしまいます。

肌というのは、皆さんが思っているよりデリケートで傷つきやすいものです。ゴシゴシ洗うのはもちろん、コットンやタオルでこするのももってのほか。朝、顔を拭く時は、コットンを化粧水で十分に濡らして、肌の上をササーッとすべらせる。マッサージをする時は、手のひらに化粧水や乳液、マッサージクリームをたっぷりつけて、十分にすべりを良くする。

とにかく「肌に極力摩擦を与えない」こと。この勝ち肌ルールを覚えておいてください。

夜、メイクを落とす時も同じです。クレンジング剤でメイクを落としたあとは、化粧水と乳液を含ませたコットンでササーッと拭き取ります。

マスカラやアイラインなど、落ちにくいメイクには、専用のリムーバーをコットンに含ませて使います。その際も、ゴシゴシこするのは禁物。マスカラは、まつ毛をコットンで浸してからスルッと汚れを落とします。目の縁は、コットンを折りたたんで角を作り、丁寧にその部分だけぬぐいます。

市販のシートタイプのメイク落としと似ていると思われたでしょうか？　製品によってはアルコールが入っているので要注意です。アルコールはかぶれる方も多く、肌をパサパサに乾燥させてしまいがちです。それよりも、普段使っているコットンと化粧水、乳液で拭き取ったほうが安心と言えるでしょう。

また、拭き取りに使うコットンの素材は、綿100%でなければいけません。合成繊維の含まれているものは、微妙に硬く、若干肌を傷つけます。日焼けなど肌トラブルのある肌では、なおさら刺激になります。そのような刺激を加え続けていると、肌は薄く弱くなり、ますます乾燥しやすくなり、色素沈着によって黒ずんでしまいます。

ついでに言えば、皆さんがよく肌の角質をふやかすために、あるいは血行をよくするために使うスチームタオル、あれもおすすめできません。綿100%だとしても、濡れたタオルは意外と凹凸が激しく、肌を傷つけます。スチームタオルで顔を温めたいなら、肌とタオルの間にラップをシートにして挟むようにしましょう。

勝ち肌ルール　その6　角質は無理にはがさない

スチームタオルを使いたくなるのは、汚れが取れる感じがして毛穴までお肌をすっきり、さっぱりさせるとお肌がツルツルになるという感覚があるためです。しかしそれは勘違いなのです。「汚れが取れる」ことと、肌のゴワゴワが取れたりした「ツルツル、ツヤ肌」とは一緒ではないということを覚えておきましょう。そして、肌質に合った角質の育て方をしましょう。硬い肌の角質を取り除くために、「ピーリング」をする人も少なくありません。

ピーリングは、肌表面にたまった古い角質を除去するもので、ピーリング剤を使って科学的に角質を溶かす「ケミカルピーリング」と、レーザーやスクラブなどで物理的に角質をはがすものとがあります。

後者はいかにも肌への負担が大きそうと思えますが、前者のケミカルピーリングも、実は負けず劣らず刺激が強いものです。

実を言うと、私も化粧品のセールスをしていた20年前にピーリングをしていました。当時、フルーツ酸のピーリング剤が新発売となり、話題となっていたのです。最初は画期的なケア法だと思っていたのですが、続けるうちに乾燥しやすくなり、何か違うなと思って止めました。数年ののち、繰り返しピーリングをやり過ぎた肌は危険性が指摘されるようにもなり、止めてよかったと思ったものです。

ピーリングをしていいのは、長年全くお手入れをしていなくて角質がかなり厚くなっている人だけです。そういう人が、ごく薄い濃度のピーリング剤で3か月に一度くらい行うのであれば、悪くないのかもしれません。普通のお手入れをしている人が頻繁に行うのは、相当慎重になったほうがいいでしょう。自分の肌状態を知り、化粧品の使い方がやはり大事だということです。

では、ゴワゴワの角質をどうしたらいいのでしょうか？　きれいにキメの整っている「透明感のあるツヤ肌」ははがして作られるものではなく、均等に並んで「育ってきた肌」がそのように見えます。

そのため、このような時は、化粧水でのローションパックで水分を与えることをおすすめします。ローションパックを繰り返すと水分がたっぷり含まれていくので、柔らかくなっていきます。肌を柔らかくすると、ターンオーバーしやすくなります。

肌のターンオーバーのサイクルは、体の部位によって違いますが、顔の肌では28日間が理想的と言われています。しかし、加齢やその他の要因によって、このサイクルが長くなったり、短くなったりします。細胞を生み出す力が老化したり、細胞が水分不足に陥ったりすると、サイクルが長くなり、角質がうまくはがれなくなります。これが、ゴワゴワ肌の原因の一つです。

一方、角質が自然とはがれるのを待たず、無理やりはがしていると、早く新しい皮膚を表面に送り出そうとしてターンオーバーのサイクルが短くなります。細胞が未熟なうちに、皮膚が表面に押し出されるのです。そういう未熟な皮膚の細胞は、水分を保持できず、やはりカサカサ、ゴワゴワの手触りになります。それを繰り返すうちに、未熟な皮下組織を守ろうと、表皮がどんどん分厚くなるという生理作用が働きます。

つまり、肌がゴワゴワしているからといって無理やり角質をはがしていると、ますます肌が硬く、厚くなってしまうのです。ピーリングをすればするほど、肌が硬くなり、角質を落としたくなるという悪循環が生まれるというわけです。

しかし、ローションパックで水分を与え続けて肌を柔らかくし、メイク落としなどでもしっかり保湿をしていれば、角質は無理やりはがさなくても勝手にはがれ落ちます。お肌を育てるようにして待ちましょう。つまり、いつもどおりの「勝ち肌スキンケア」をしていれば大丈夫なのです。

毎日きちんとお手入れして、週3~4回ローションパックをしていれば、角質ケアは必要ありません。それでも取れない角質は、肌にとって必要なものなのです。無理やりはがすことのないよう、勝ち肌式のお手入れを続けてください。

勝ち肌ルール　その7　毛穴パックは厳禁！

私も体験したことですが、お肌へのダメージを繰り返すと新陳代謝が悪くなり、肌細胞が作られにくくなってきます。

EGF（Epidermal Growth Factor）は、「上皮成長因子」や「細胞再生因子」と訳される成分で、1962年にアメリカのスタンレー・コーエン博士によって発見されました。皮膚の表面に新しい細胞を作り出し、傷ついた表皮を修復する役割を果たします。この発見により、コーエン博士は86年にノーベル生理学賞・医学賞を受賞しています。

FGF（Fibroblast Growth Factors）は、「線維芽細胞増殖因子」と呼ばれる成分で、EGFより深い部分、真皮で線維芽細胞を活性化させ、コラーゲンやエラスチンの生成を助けます。

どちらも、火傷やケガなどの再生医療に役立てられてきましたが、近年、美容医療やスキンケア商品にも利用されるようになりました。肌の上皮の細胞を増殖してくれるEGFと、弾力性を復活させてくれるFGFは、今、美容業界が最も注目する夢の成分なのです。

そのEGFとFGFは、もともと人間の肌にある成分で、皮膚にはとても大切な成長因子なのですが、残念ながら、老化とともに減ってきてしまいます。

かく言う私も、20代前半まではTゾーンに毛穴パックをしていました。もともと肌が弱いのに、ベリベリッと皮膚をはがし続けていたものだから、皮膚がどんどん厚くなり、毛穴が目立って困っていました。

今は、自分で開発した特別なスキンケア用品を使うことで、ずいぶん毛穴が目立たなくなりました。同じように悩んでいる人は、EGFやFGF、プラセンタなどを配合した再生効果の高い化粧品を選ぶとよいでしょう。

では、今現在、毛穴に詰まっている角栓をどうすればいいのでしょうか？

その問いに対して、「洗顔すればいい」と答える人もいるでしょう。確かに、洗顔料のモコモコの泡で顔を洗えば、角栓は取れやすくなります。でも、何度も言うようですが、洗顔料はどんなに良い製品でも、肌を乾燥させてしまいます。

一番良いのは、クレンジング剤でメイクを落とす時に、マッサージをすること。角栓は、油性のクレンジング剤を使い、マッサージで血流を良くすれば、皮脂と一緒に取れていきます。アブラはアブラを引き寄せるので、クレンジング剤に脂がくっついてくるのです。

体調が良ければ、きちんとお通じがありますよね。同じように、人間の体は本来、不要なものを排出するようにできているのです。

にもかかわらず、ベリベリと無理にはがしたり、ゴシゴシ洗ったりするものだから、肌はどんどん厚く硬くなっていき、角栓がどんどん取れにくくなってしまうのです。

実際、毛穴パックを長年愛用している人たちは、「角栓がどんどん取れなくなってきた」と言います。見た目にもそれは表れていて、鼻や頬のまわりはイチゴの種のような黒い毛穴がいっぱい。こういう恐ろしい生理作用が顔の上で起こっているということを、皆さん知らないのですね。

正しいマッサージを行えば、毛穴から勝手に汚れが出てきます。指先ほど肌のクレンジングにぴったりな道具はありません。指先でくるくると、ほど良い刺激を与えれば、角栓という角栓は全部きれいになります。ただし、指先を動かす方向を間違えないこと。そんな勝ち肌式マッサージの方法を、後ほど詳しく紹介していきます。

勝ち肌ルール　その8　週1日はノーメイクデーにする

ここまで、きちんと「手」を入れることの大切さをお話ししてきましたが、大人の女性にとっては、「引き算」をするスキンケアも大事です。そこで、「40歳を過ぎたら、1週間に1日はメイクをしない日を作る」というルールを掲げたいと思います。

若い頃は、代謝が活発で体も心も元気ですが、40歳くらいになると、体力や気力がなくなったり、人によっては更年期に入ったりして、疲れが出てきます。肌も弱くなり、肌質が変わって悩まされることも多くなります。

そんな弱った肌と心のために、肌にとって「異物」であるメイクをお休みするのです。

肌に水分や栄養を与えるスキンケアと違い、メイクというのは肌にとって異物です。そんな異物から肌を開放する日を、週に一度くらいは持つことを、私は女性たちにぜひ実践していただきたいと思います。動物が1年に1回冬眠するように、肌もたまには休息が必要です。

40歳を過ぎても毎日肌をフル回転させるのは、毎日食べ過ぎているようなものです。食べ過ぎで胃が疲れている時は、飲み物だけで1日過ごす「プチ断食」をすると、胃が休まりますよね。肌もプチ断食をすることで、健康を保てます。

とはいえ、お休みするのはメイクだけ。スキンケアはいつもどおりにフルラインで行います。異物なのは化粧下地より上で、それより下は肌にとって必要だからです。

朝にいつもどおりのお手入れをして、あとはなるべく顔に触らないこと。疲れた肌に負担をかけず、新しい皮膚が再生するのを待ちます。

「今日はメイクをしなくていいんだ」と思うと、気持ちも楽になるものです。家から出ない日を作り、ぜひノーメイクデーにしてください。週1日が無理なら、せめて半日だけでも、「メイクをしない日」、いや「しなくていいぜいたくな日」にしましょう。

勝ち肌ルール　その9　水分補給を欠かさない

先ほどは「一瞬たりとも乾燥させない」というルールを挙げましたが、それはスキンケアのことだけではありません。潤いのある肌を作るためには、口からの水分補給を欠かさないことも大切です。

とはいえ、ただ水分を口にするだけでは、肌の細胞に十分水分を補給することはできません。「水分を摂らなきゃ」と言いながら、お茶やコーヒーばかり飲んでいませんか？　それでは水分補給になりません。お茶やコーヒーは体内で吸収される割合が少なく、解毒の力もなく排出されやすいからです。

私はもともと腎臓が弱く、肌につける水とともに、飲む水にもこだわってきました。

ついでに言えば、皆さんが安心して飲んでいる夏の飲み物は、実は体を冷やす作用が強いものです。水と違い、予想外の作用があるので、飲むなら1日2杯までにとどめておくのをおすすめします。


水分補給をするなら、水がおすすめです。中でも蒸留水が一番です。私が何十年も色々試してきた中で、自信を持っておすすめできる飲み物は、水では蒸留水です。

私はいつも、朝起きぬけに常温の水をコップ1杯、一気に飲むことをおすすめしています。そうすれば、化粧ノリが良くなります。午前中いっぱいも意識的に水分補給すれば、体調が整い、肌の調子もすっきりします。肌の色もいい感じになります。


朝、コップ1杯の水を一気飲みできる日は、体調が良い日です。体調が悪い日は、口のところでコップが止まり、飲めません。朝、1杯の水を飲めるかどうかで、その日の体調もわかるのです。

水の温度も大切です。冷たい水は内臓に負担をかけるので、常温か、もしくは白湯がいいでしょう。真夏でも、あまり冷たい水を飲むのは内臓も冷やすのでおすすめできません。

普通なら浄水器に通した水で十分ですが、真夏の暑い日など、飲んでも飲んでも水分が足りない感じがする場合は、ナトリウム入りのミネラルウォーターを少し飲むのがいいでしょう。ナトリウムとは、ようするに塩分のことです。少しの塩分があると、水は吸収が良くなります。

緊急時には、市販のスポーツドリンクに頼るのも手です。水分を吸収しやすいように塩分を配合してあります。

また、お酒を飲んだあとは、いつも以上に水分補給をしなければなりません。アルコールの代謝に水分が使われるので、夜寝る前にたっぷり蒸留水を飲むことをおすすめします。そうすれば、朝、水分不足で肌がカサカサになるのを防げます。

私自身は、腎臓が弱いのでお酒を飲みませんが、よく飲む人を見ていると、飲む前に野菜ジュースを飲んでいます。そうすると、アルコールの吸収が穏やかになるらしいのです。

人は、緊張していると水をゴクゴク飲めないものです。現代はストレス社会と言われますが、確かに私が見たところ、現代人のほとんどは水分が足りていないようです。1日1・5〜2リットルくらいが必要だと言われていますが、適量は人によって違います。自分の体内の水分が足りているかどうか、ぜひ意識を向けて、常に水分補給を忘れないでください。

Part 3

実践！
勝ち肌を作るケア＆メイク

「勝ち肌」になるためのケア、
いよいよ実践編です。きれいな肌を勝ち取るためには、
肌を傷めず筋肉を動かすこと、血流を促すこと、
老廃物を排出すること。
この3点に着眼したスキンケアやマッサージ、
メイクやボディケアを紹介します。

本気のお手入れで年齢に負けない！
勝ち肌スキンケア

勝ち肌は、毎日、朝晩のきちんとしたお手入れから。面倒くさいと思われるかもしれませんが、その積み重ねが同年代の人たちとの差を生み出します。自分の肌をいとおしみながら、丁寧にお手入れしてください。肌は必ず応えてくれます！

基本はフルライン！　朝の基本スキンケア

朝は忙しいからと言って、いい加減なお手入れで済ませていませんか？　化粧水、乳液、美容液のフルラインでお手入れをしたほうが、美しさが持続します。季節に合わせて調整するにしても、このフルラインでのお手入れが基本だと心得てください。

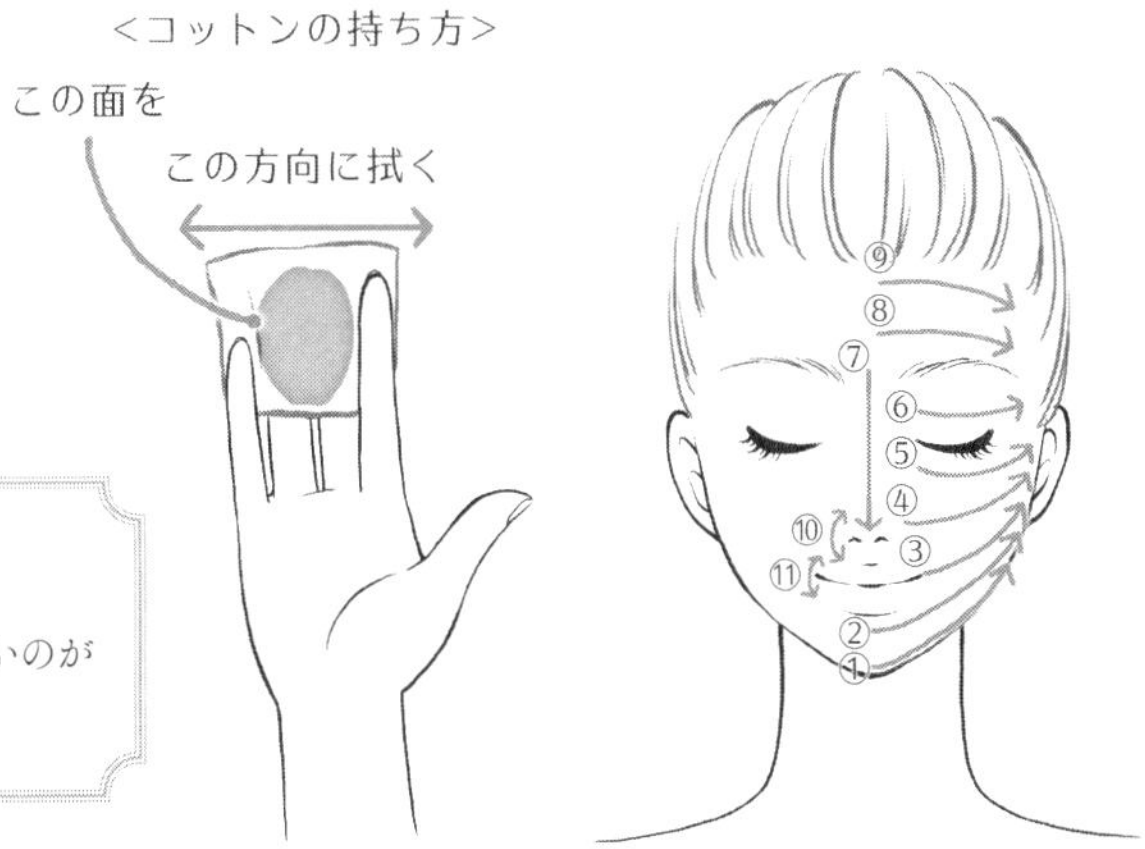

point

水で顔を洗わないのが勝ち肌ルール。

1 朝起きたら、化粧水をコットンにたっぷり浸みこませて顔をサッと拭く。化粧水を手にとり、顔全体につけてなじませる。

point

一つひとつ、乾くまで待ってから次の液体をつける。こうすることで浸透が良くなり、メイク乗りも良くなる。

2 化粧水が乾いたら、乳液を同様になじませる。乳液が乾いたら、美容液をつけて乾かす。このあと、化粧下地をつける。

1週間に1度は毛穴を引き締めるパックをしましょう。朝、化粧水をつけたあとに行います。毛穴が開くと肌が水分と油分をため込めないので、美容液を使って補給しましょう。

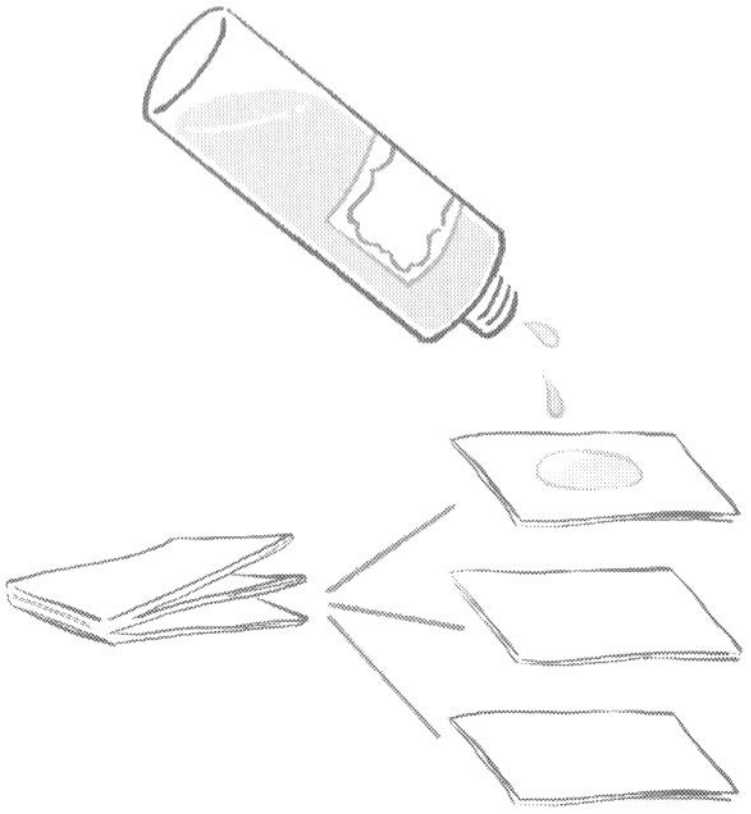

1　コットンを小さくカットして3枚にはぎ、美容液をたっぷり浸みこませる。

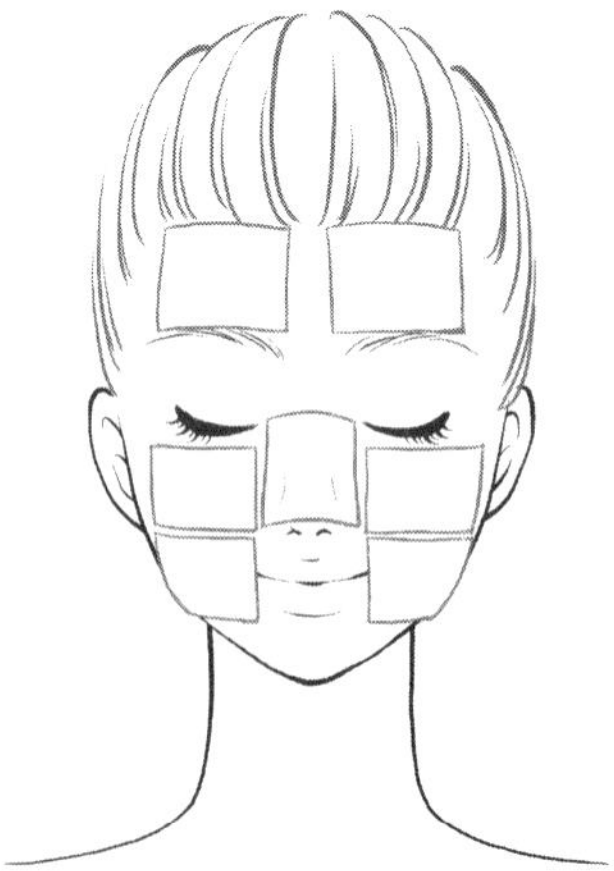

point

Tゾーンや頬など、毛穴が目立つ部分に貼る。

2　化粧水をつけた肌の上にコットンを貼りつけて15～20分放置する。コットンをはずしたら、いつものスキンケアをする。

夜までメイクを持たせたい時の特別なケアです。一つひとつ、乾くまで指をすべらせるのがコツ。時間がかかりますが、朝の家事などの合間を使って丁寧にお手入れしましょう。

point
前夜につけたケア用品を、落とすのではなく化粧水となじませるつもりで。

1　朝起きたら、化粧水をたっぷり手にとって顔になじませる。

point
乾くまでマッサージをすると、さらにメイク乗りが良くなる。

2　さっぱりタイプの美容液を手にとり、顔全体につけてなじませる。指がピタッと止まるまで顔全体に指をすべらせる。しっとりタイプの美容液をつけ、同様になじませる。

point

それぞれしっかり乾かすことで、ファンデーションがよれずに均等につく。これでメイクが一日中崩れない。

3 乳液で顔全体を覆うようにふわっと乗せ、乾くまで15分間待つ。乳液が乾いたら、化粧下地をつけて、再び乾くまで10分間待つ。

たっぷり保湿で美肌を育てる！　夜の基本スキンケア

一日頑張った肌には、たっぷり栄養をあげて休ませてあげます。大人の肌には、化粧水、乳液、美容液、クリームとフルラインでごほうびを。一つひとつ役割が違うので、つけては乾かし、またつけることを繰り返します。

point

水洗いも、ダブル洗顔もしないこと。汚れが強い時は、クレンジングクリームをなじませて落とす。ポイントメイクは、専用リムーバーで力を加えずに落とす。

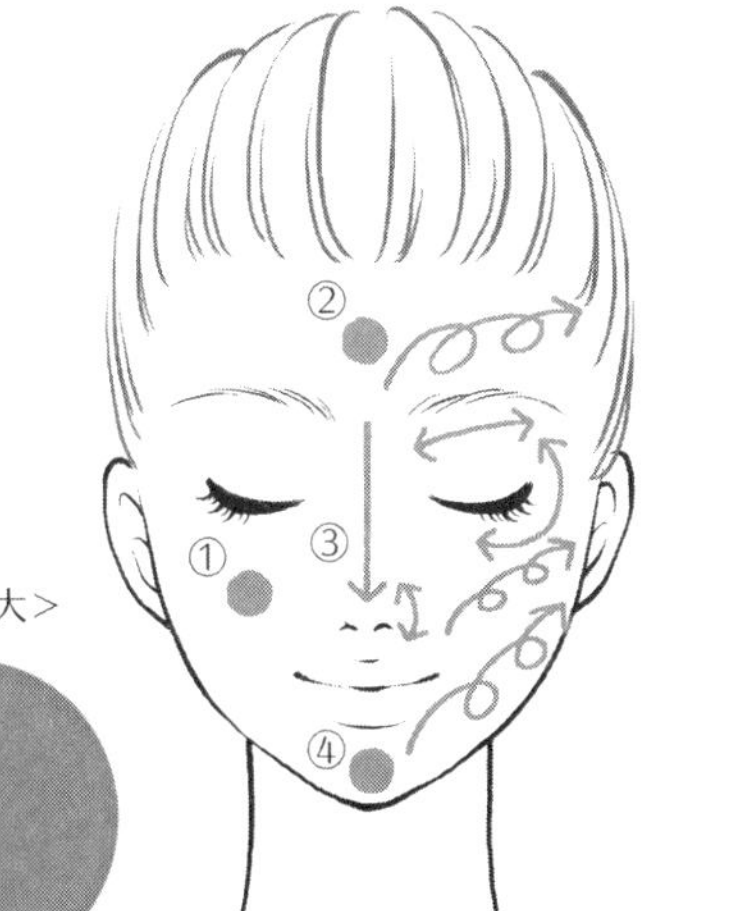

<実物大>

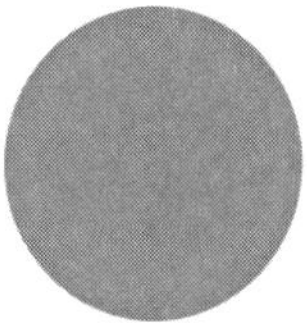

1　クレンジング剤を肌になじませて、メイク汚れを浮かせたら、乳液をたっぷり浸みこませたコットンで拭き取る。

point

乾くまでマッサージをすると、さらにメイク乗りが良くなる。

2 化粧水を手にとり、顔全体につける。
乾いてから乳液もつける。

3 美容液、クリームの順に乾かしながら重ねづけをする。
手のひらで温めながら、なじませてつける。「ハンドラッピング」も忘れずに行う。

普段のお手入れにプラスして、週2~3回はローションパックをするのが勝ち肌の鉄則。肌の乾燥は、シミやシワの元凶です。シミ予防には朝のスキンケアの前に、シワ予防には夜メイクを落としたあとに行うのがおすすめです。

point

コットンがよれないように、笑ったりしゃべったりしないこと。

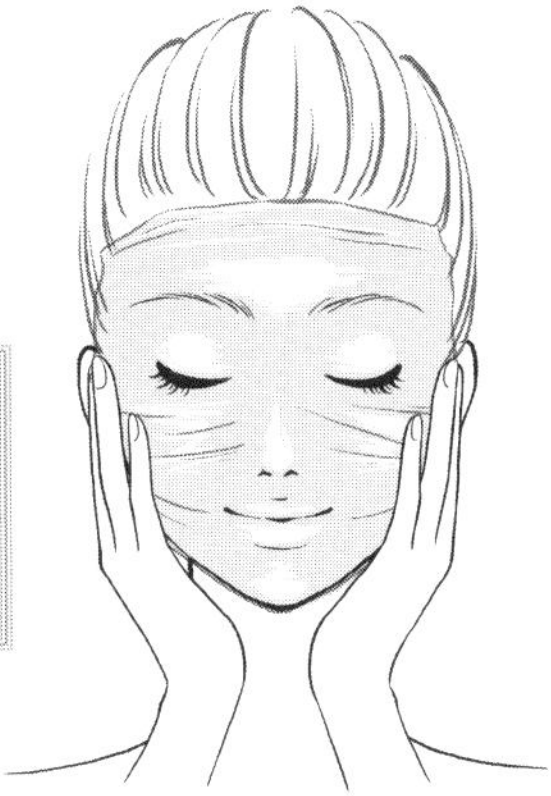

1 コットンに化粧水をたっぷり浸み込ませて3枚にはぎ、おでこ、頬、口の横に貼り付ける。特に乾燥がひどい時は、ラップで覆う。

2 10分間放置して、表面が乾いたらすぐにはがし、いつものスキンケアをする。

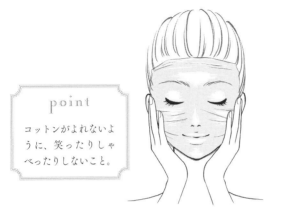

ローションパックの前に、化粧水だけでなく、乳液やクリームまでつけておくと、油分の浸透がさらによくなります。シワが気になる目元や口元に使いましょう。

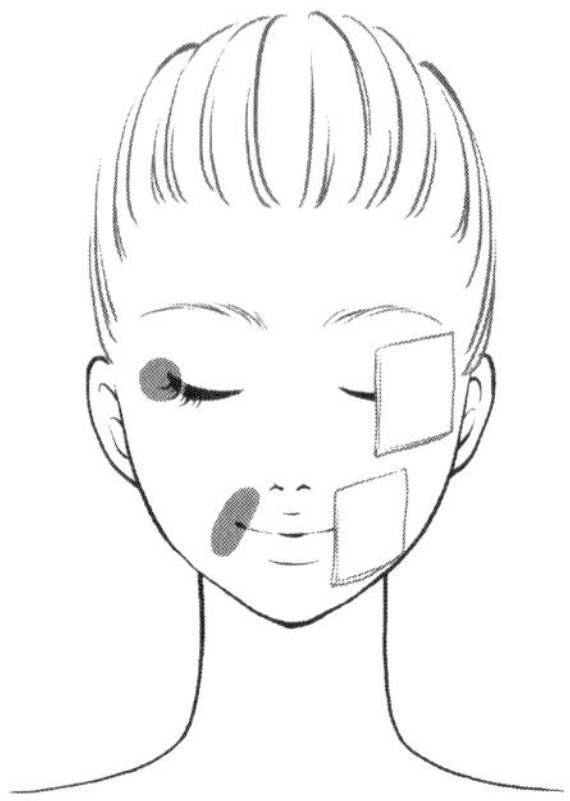

1 化粧水、乳液、美容液、さらにクリームまでつけたあとにローションパックをする。目尻やほうれい線など、気になる部分にコットンを貼るとよい。

2 15分間待ってからはがす。

ほぐして流してスッキリと
勝ち肌マッサージ

シミ、シワ、たるみといった年齢肌の悩みに打ち勝つためには、筋肉を動かして血流を促し、老廃物を排出すること。定期的にマッサージをして肌を生き返らせましょう。ただし、肌をゴシゴシこするのは禁物。化粧水や乳液、マッサージクリームのいずれかをつけた手でやさしく行ってください。

朝からスッキリ！　小顔マッサージ

朝起きた時、顔がむくんでいるとガッカリしますよね。疲れが残っている時は、特にむくみがひどくなります。スッキリした気分で一日を始めるために、顔のコリをほぐして老廃物を流しましょう。

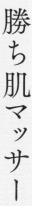

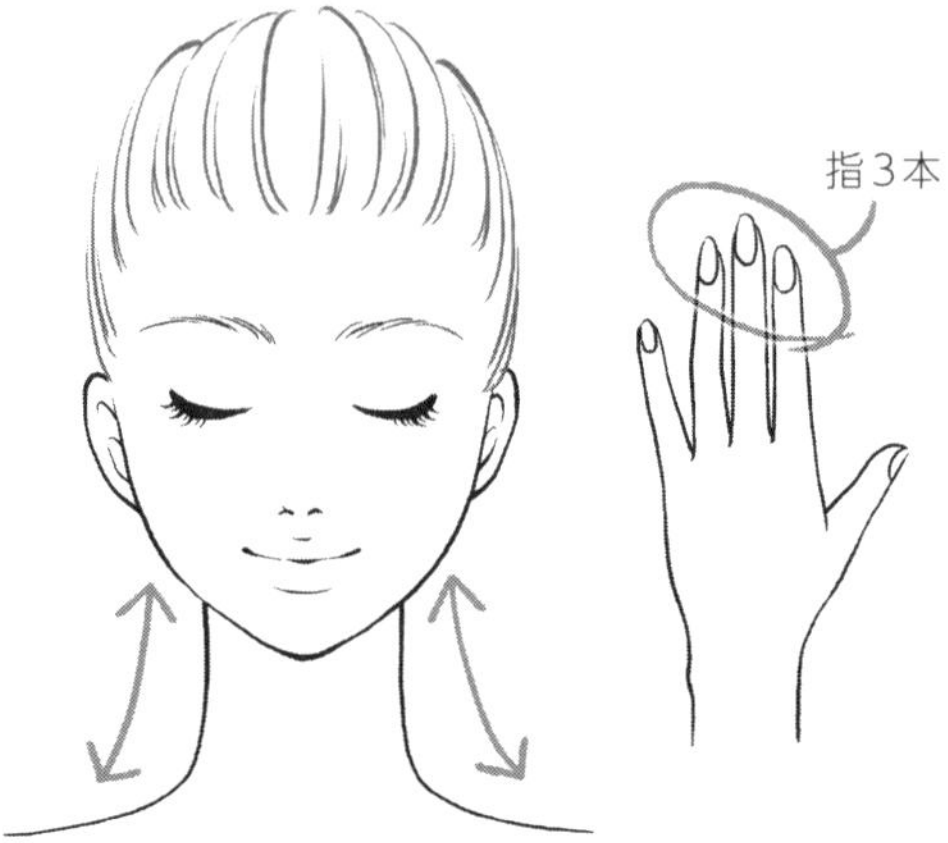

1 人さし指、中指、薬指の3本の腹で、首の両側面を上下に10回なでる。

2 耳の裏を上下に10回なでる。

3　耳の下からあご先に向けて、指をずらしながらフェイスラインを指圧する。

4　握りこぶしの第２関節のところを、頬骨の上にあてて筋肉を揺らす。

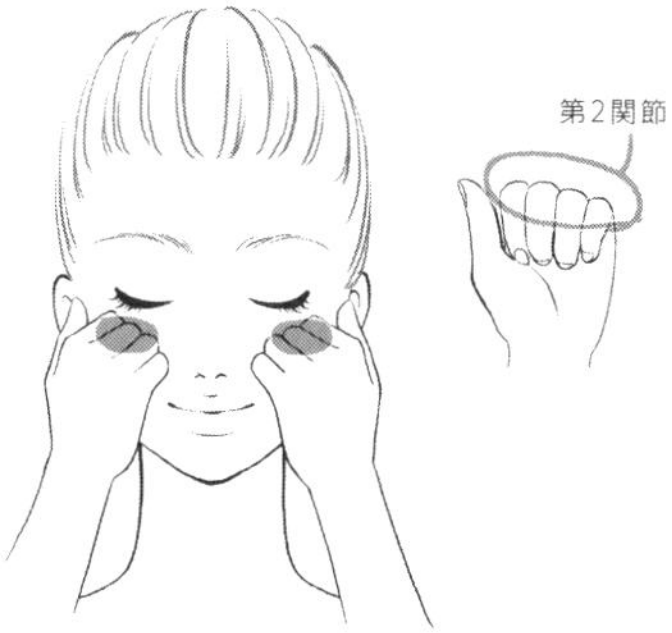

point

目の周りを動かすと皮膚が伸びてしまうので、軽く揺らす。

5　口角の端にこぶしをあてて、やや内側に向けてグッと引き上げる。③〜⑤を５秒くらいで行い、３セット繰り返す。

6 握りこぶしの第2関節のところで、こめかみから耳の下までを上下に10回こする。

point

こぶしを固く握ると力が入り過ぎてしまうので、軽く握る。

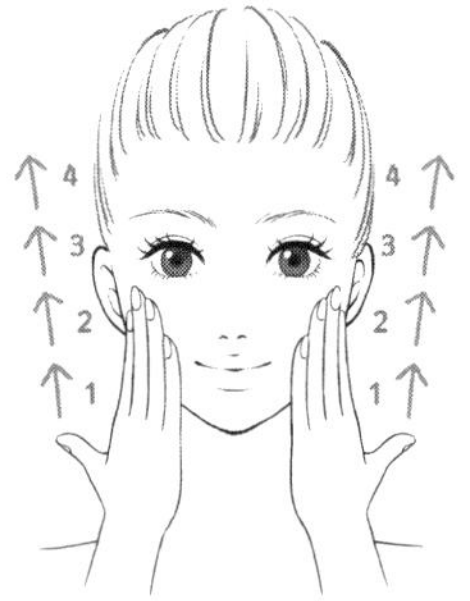

7 両手の親指以外の４本の腹で、フェイスラインを下から上に10回ずつ、パタパタと叩き上げる。

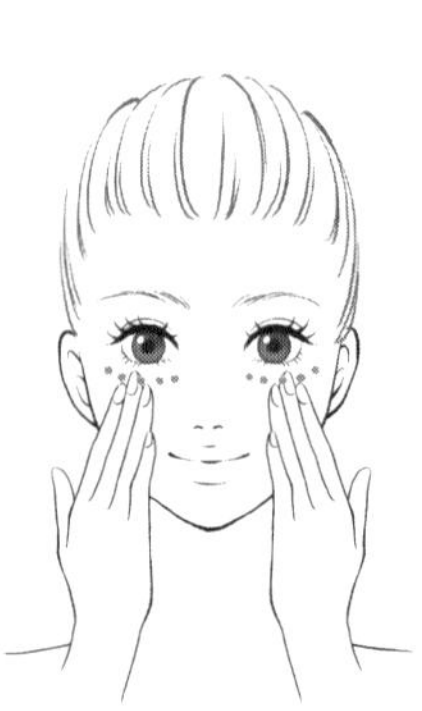

8 眼の下を人さし指、中指、薬指の３本でところどころ指圧する。

point

骨のくぼみ（眼球の穴）を押すとシワができてしまうので、頬骨に近い部分を指圧する。

印象アップ！　勝ち肌マッサージ

眉間のしわが深くなり、気難しい顔になっていませんか？　幸せが逃げていかないように、シワを伸ばすマッサージをしましょう。顔の筋肉をリフトアップする効果もあります。

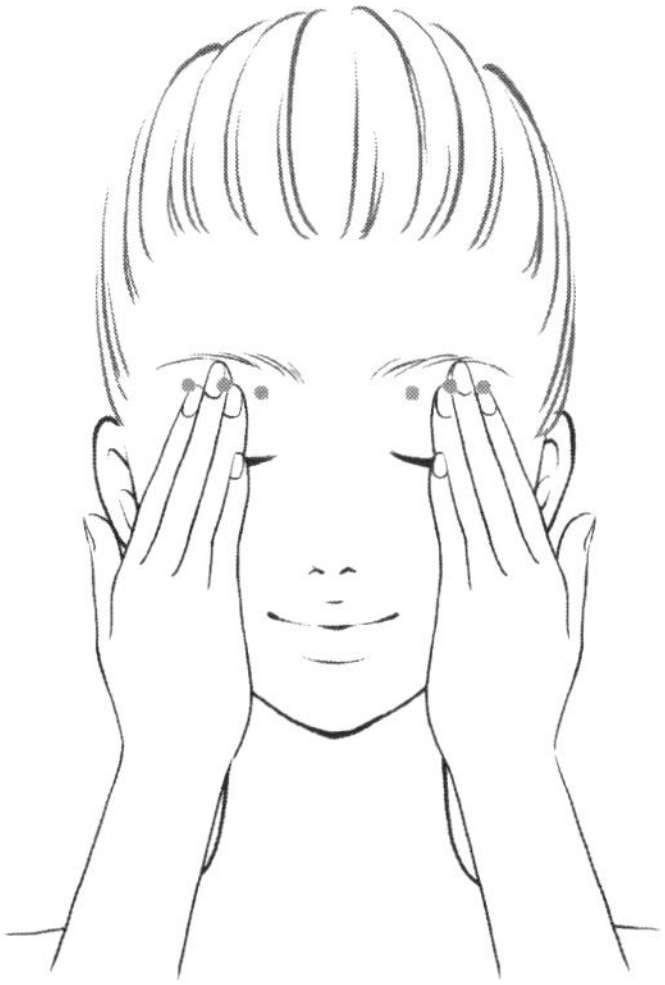

1　眉の下に指３本の腹を当てて、3秒間押さえる。目もパッチリよみがえる。

2 その指を上にすべらせて、生え際のところで止めて３秒間押さえる。

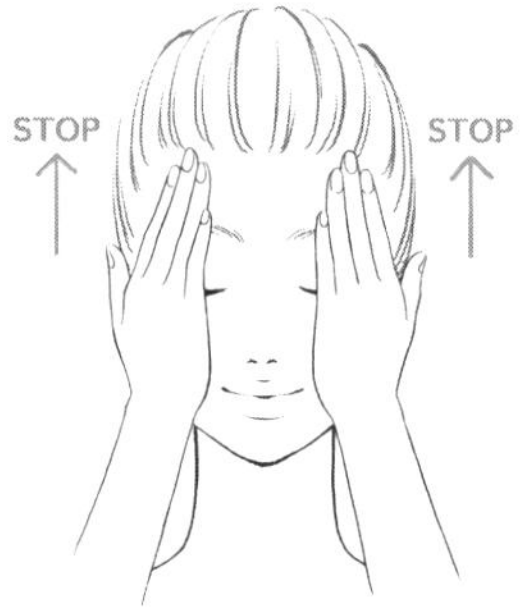

3 こめかみと目尻の間に指３本の腹を当てて、３秒間押さえる。そして、上へ指を抜いていく。

4 その指を上にすべらせて、そりこみの位置で３秒間押さえる。①〜④を５回繰り返す。

point

皮膚を上に引っぱり上げるイメージで。

目元のシワには、実は頬の筋肉が影響しています。頬の筋肉が凝り固まっていると、頬骨にくっついて一緒に動きます。すると、動くたびに軟らかい目のまわりの皮膚にシワが寄るのです。笑いジワが気になる人は特に、頬の筋肉を徹底的にほぐしましょう。頬が張っている人は頬骨の上の肉厚もなくなり、顔がホッソリしてきます。

point
骨にくっついた筋肉がはがれるように、やや力を入れて回す。

1　握りこぶしの第2関節のところを頬骨に当てて、ゴリゴリと小さく回す。少しずつずらしながら全体をほぐす。

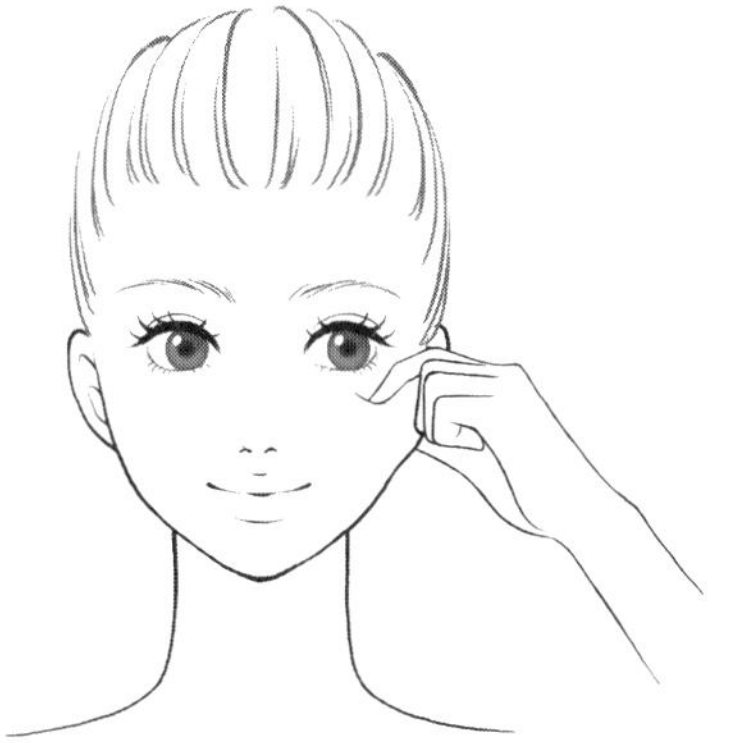

2　頬骨の上の筋肉を指で縦につまんでみる。塊がある感じがしたら、再度ほぐす。

年齢とともに深く刻まれる「ほうれい線」。老け顔の元凶である憎きシワを、マッサージすることで目立たなくします。あごから頬の筋肉をほぐして血流を良くし、老廃物を排出しやすくするのがポイントです。

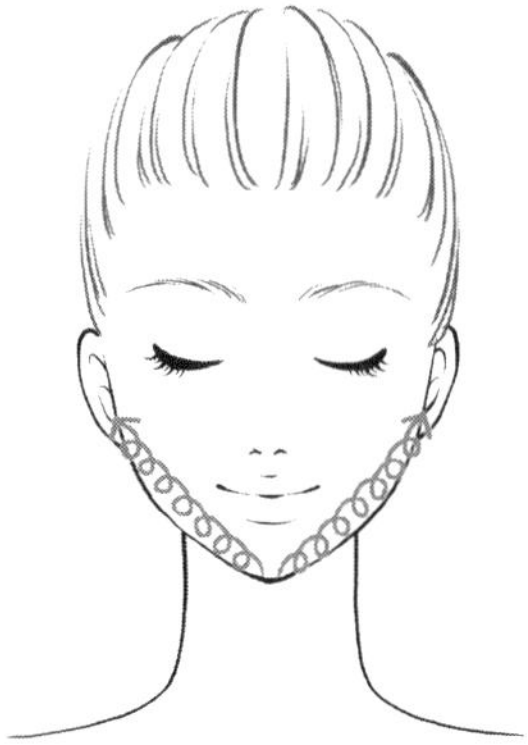

point

内から外へ円を描くこと。逆に回転するとたるみの原因になる。

1 両手の人さし指、中指、薬指の腹をあごの先に当て、左右の耳の下までくるくると7回円を描くようにマッサージする。

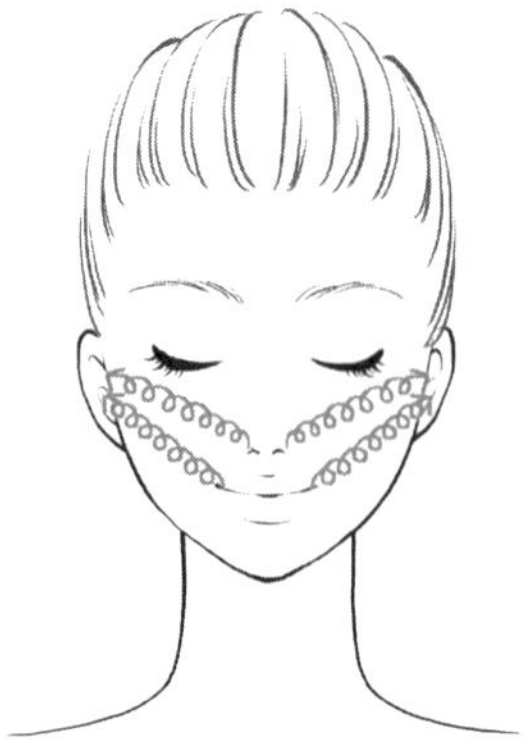

2 同じ指3本で、口角から耳の前まで7回、円を描く。鼻の脇から耳の前まで、同様に円を描く。

頬もあごもスッキリ！　たるみ防止マッサージ

顔のたるみの正体は、頬の脂肪です。そこでおすすめなのが、エステのように脂肪をつまんで潰すマッサージ。少し赤くなるくらいにつまんでひねっていくと、顔だけダイエットしたみたいに細くなりますよ。

point
つまむことで脂肪が消えていくので、少し痛いくらいにしっかりつまむ。

1 両手の親指の腹と人挿し指で縦につまむように両頬の下のほうの肉をつまんでひねり、５秒間キープ。

2 下から上へつまんでは５秒間キープする。３回繰り返す。

疲れがたまってくると、あごの下の筋肉が腫れて二重あごになってしまうことも。筋肉を揉みほぐして老廃物を流し、あごの骨をつかめるようにしましょう。二重あごが解消して顔の輪郭がキュッと引き締まります。

point

親指が内側に入り、あごの骨をつかめればOK。あごの筋肉が凝り過ぎているとつかめない。

1 両手の親指と人差し指の第1関節であごの先をつまむ。

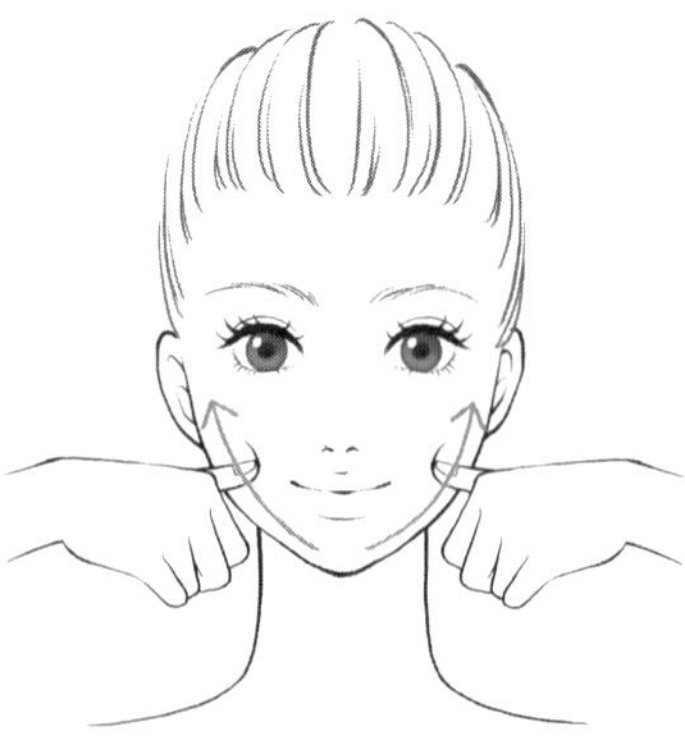

2 親指の腹を押しあてながらフェイスラインを上へとなぞっていき、筋肉を揉みほぐしていく。

お出かけ前に！　口角引き上げエクササイズ

皮膚の外側からマッサージするのではなく、筋肉を動かすことで内側からマッサージ効果を得るエクササイズです。朝、出かける前に鏡の前でトライしてみてください。笑顔が自然と出てくるようになりますよ。

1　鏡を見ながら、犬歯が見えるくらいに口角をキュッと上げる。

2　力を抜いて口角を元に戻し、再びキュッと上げる。20回繰り返す。

年齢を重ねた肌は、どうしても重力に勝てない？　いえいえ、そんなことはありません。顔の筋肉をほぐして鍛えれば、重力に負けない若々しい肌を手に入れられます。口元のたるみを引き締めて、小顔効果も狙いましょう。

1　口をつぐみ、唇を思いきり左右に20回動かす。

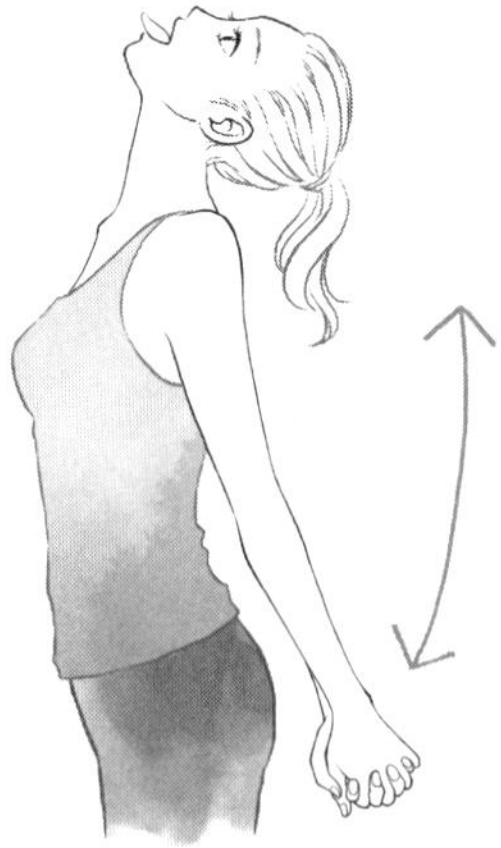

2　顔を上げて舌を天井に向けて突き出す。そのまま手を背後で組み、20回上げ下げする。

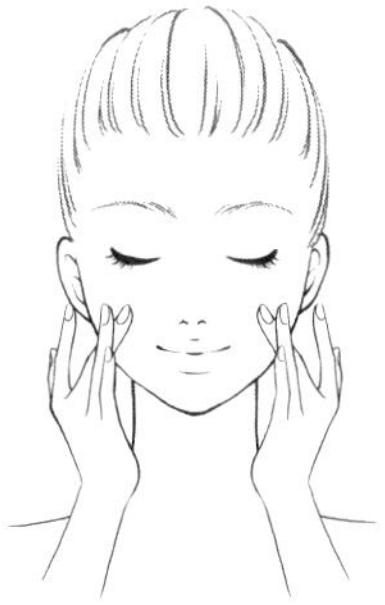

3 中指の腹で頬のところどころを押してほぐす。

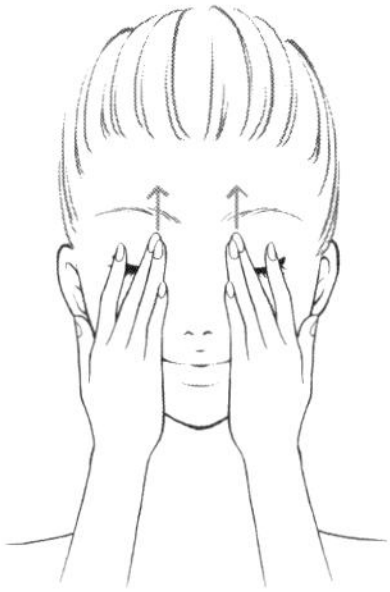

4 同じく中指で眉頭の下を押さえ、上に向けてグッと力をかける。

5 鎖骨の下、首の横、あご下、こめかみ、おでこの順に両手のひらで上下になでる。

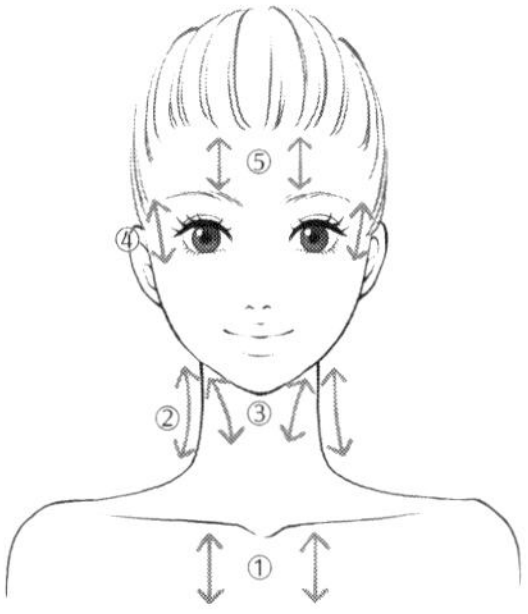

point

下から上の順に、軽い力でなでること。

顔色が良くなる！　頭皮マッサージ

首や頭が凝り固まっていると、顔の血流も滞ってしまいます。凝り固まった筋肉をほぐして、顔の血色を良くしましょう。

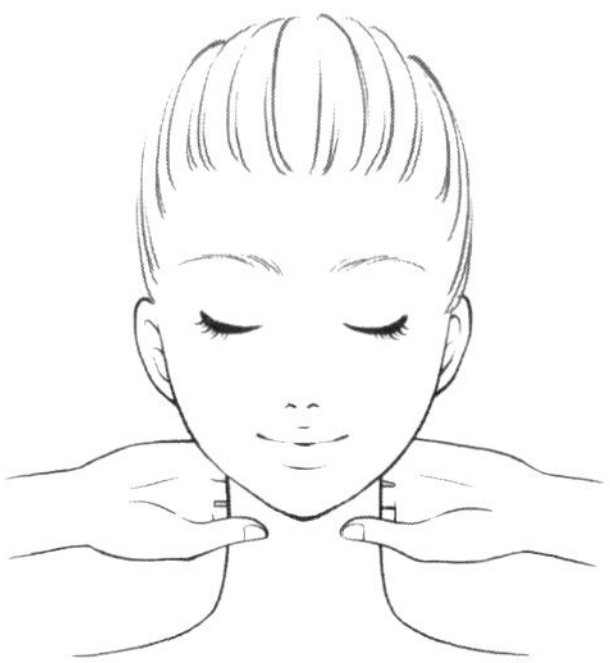

point

爪を立てず、力を入れ過ぎないように。

1　両手の５本の指の腹で、首の横と後ろを下から上へ、つかむように指圧する。

point

血流が良くなり過ぎると頭痛がすることがあるので、2、3回で止めておく。

2　後頭部から頭頂部まで、指の腹でつかむように指圧する。2、3回繰り返す。

考えごとのし過ぎで頭がボーッとする時は、前頭葉が疲労しています。おでこを手で温めてマッサージをし、血流を促しましょう。頭がスッキリして、ストレス解消にもなりますよ。

1 片方の手のひらを10秒間おでこに当てて温める。

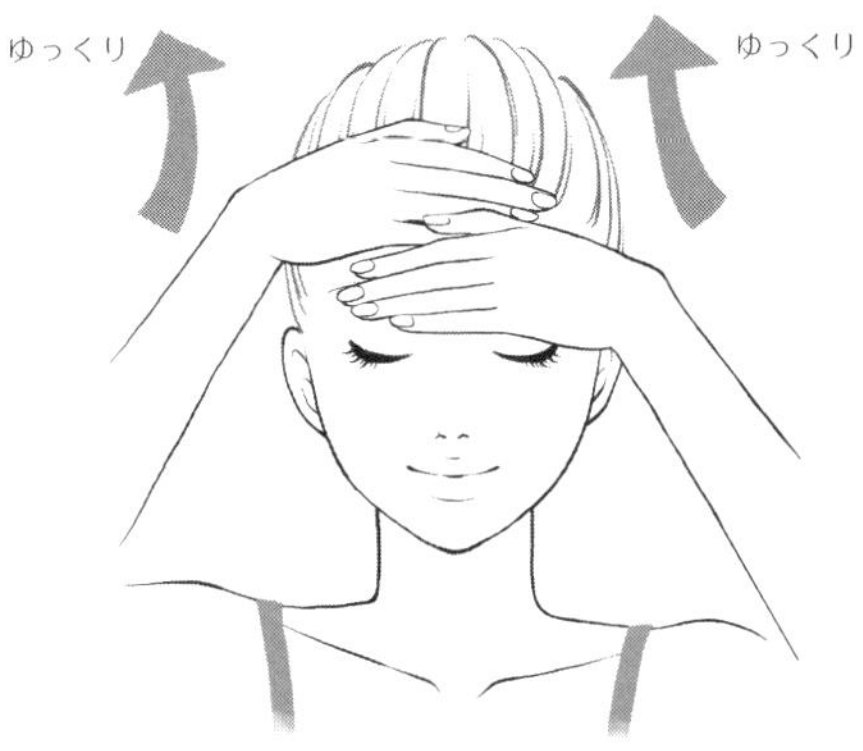

2 そのまま手を上にゆっくり引き上げ、生え際のあたりを押さえる。同時にもう片方の手のひらをおでこに当てて、10秒間温める。再びおでこに当てた手を引き上げ、もう片方の手をおでこに当てる。手を交互に換えて5回繰り返す。

鎖骨がくっきり！　デコルテマッサージ

年齢より若く見える人は、デコルテのケアにも余念がありません。デコルテをマッサージすると、血流がよくなり、老廃物が排出されて顔色が良くなります。いつものスキンケアをしたあと、手に残っている乳液や美容液を広げるようにマッサージするといいですよ。

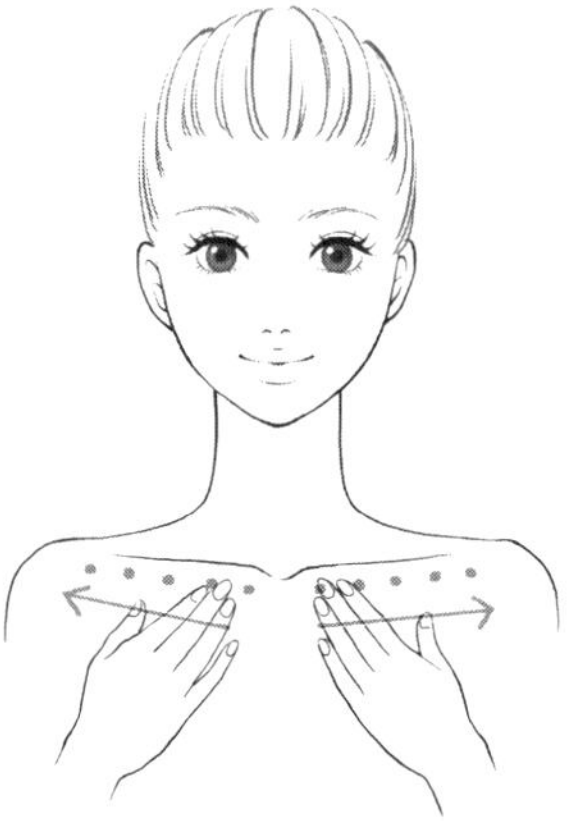

1　両手の人さし指、中指、薬指の腹で鎖骨の下を３秒間指圧する。中央から左右へ、指をずらしながら端まで押す。３回繰り返す。

2　右手のひらで左の鎖骨を５回くらいなでる。反対側は左手で同様に。

小顔も美肌も自由自在！
勝ち肌メイク

勝ち肌スキンケアでピカピカの肌になったあとは、勝てるメイクを施します。メイクの重要性は、年齢を重ねるほど増していきます。きちんと手順を踏んで丁寧にメイクすることで、勝ち肌をさらに輝かせましょう。

小顔に見せて崩れない！　勝てるベースメイク

勝ち肌メイクは、ベースのファンデーションが命。大人の肌には、パウダーファンデーションではなく、リキッドかクリームタイプが基本。自分の肌色より明るいものから暗いものまで、できれば2色以上そろえたいもの。使い分けることで、顔を立体的に見せたり、小顔に見せたりすることができます。

1 スキンケアをした肌に、化粧下地を伸ばし、乾くまで5～10分間待つ。

point

下地はUVカット効果のあるものがベスト。

2 リキッドファンデーションを顔の中心に点々とつけ、顔の外側に向けて伸ばす。

point

肌と同じ色だと暗く見えるので、1トーン明るい色を選ぶ。首との境目が目立たないように、顔の端までは塗らないこと。

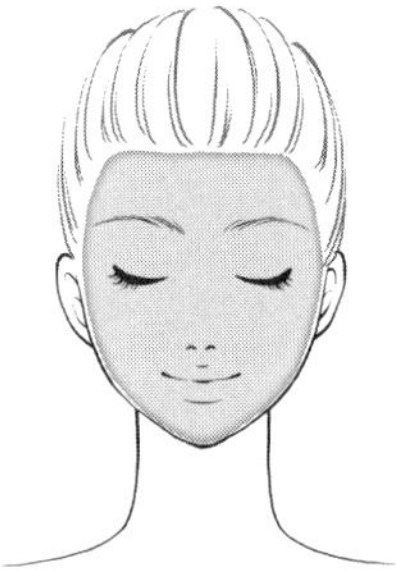

3 さらに1トーン明るいファンデーションをTゾーン・頬の高い部分・あごに塗る。

point

明るい色を部分的に使うことで、立体感が出る。

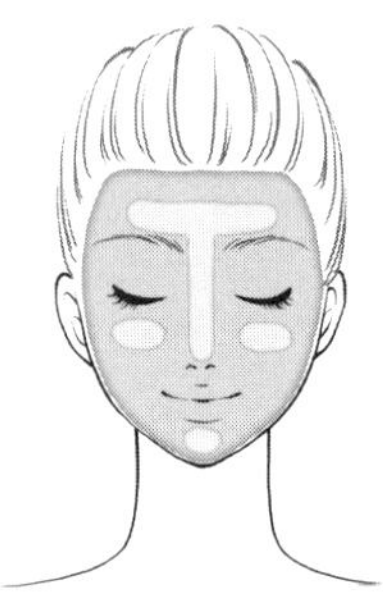

4　小顔に見せたい場合は、フェイスライン近くに１トーンか２トーン暗いファンデーションを塗る（シェーディング）。

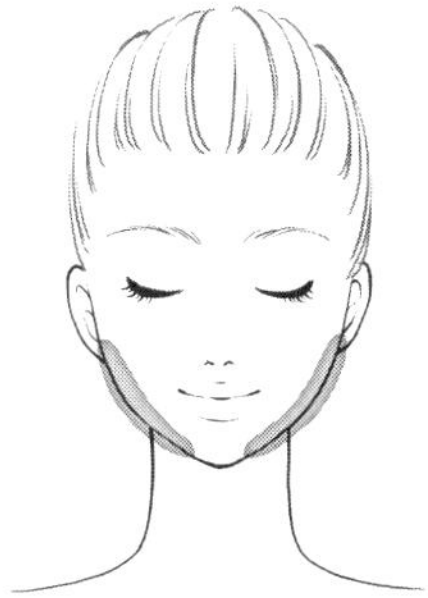

5　フェイスラインや髪の生え際を内から外へスポンジでぼかす。

6　シミやニキビ跡などがあれば、コンシーラーを薄く塗る。

point

乾く前に粉をつけると、よれたりムラになったりするので、約10～15分かけて十分に乾かす。

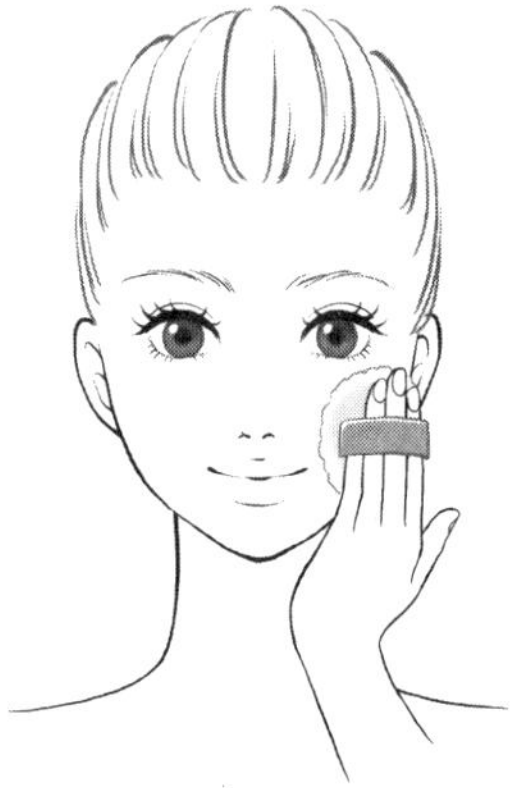

7 ファンデーションが乾いてからルーセントパウダーをはたく。

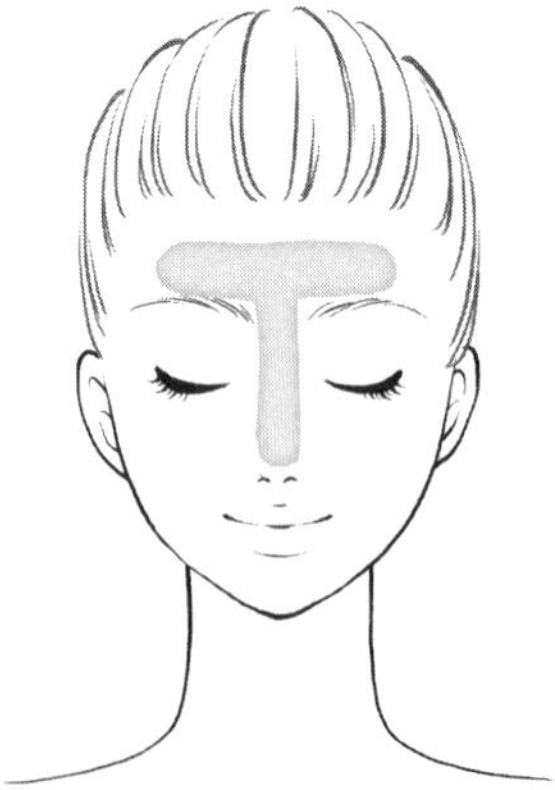

8 Tゾーンにだけパウダーファンデーションを重ね塗りする。

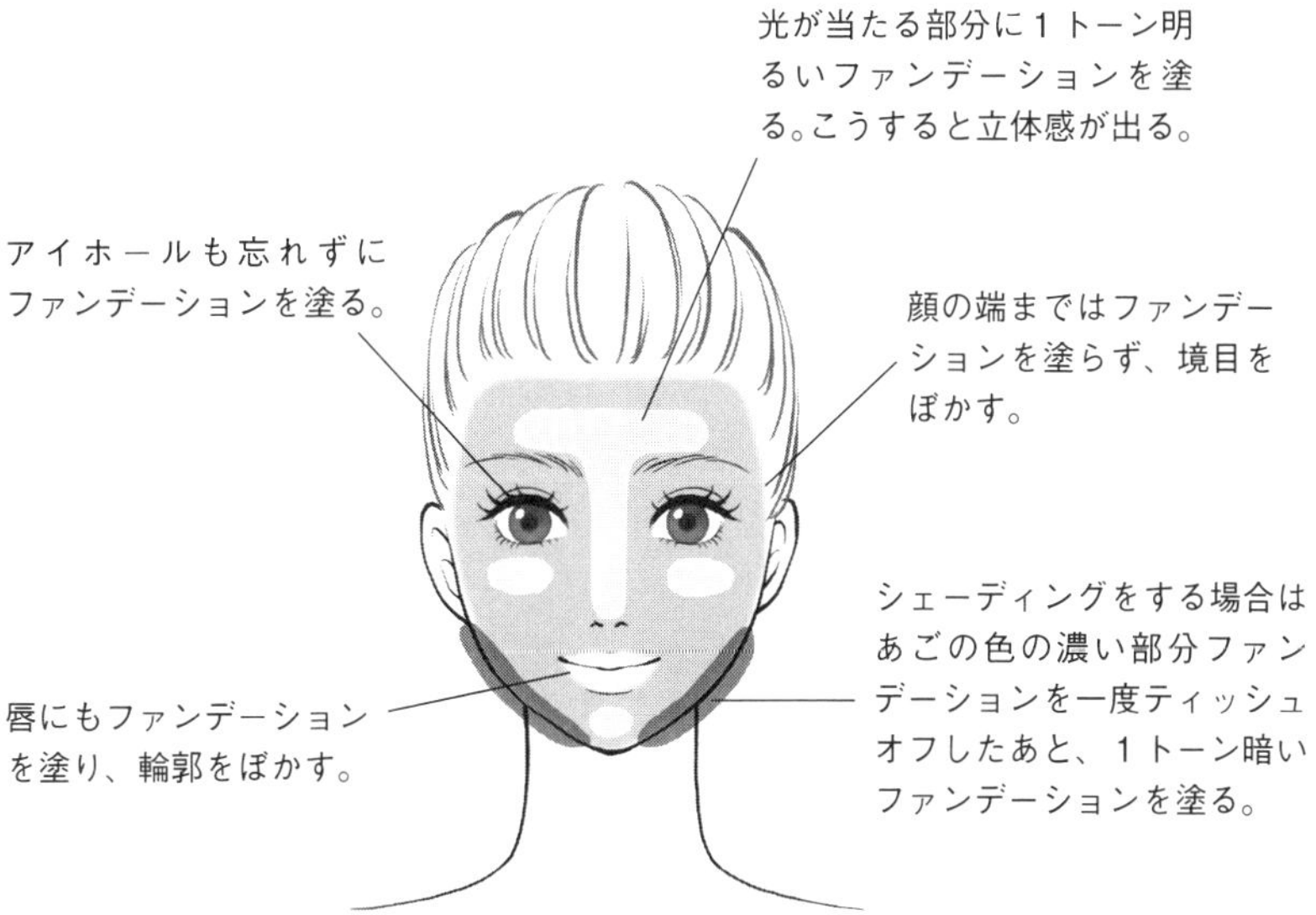
光が当たる部分に１トーン明るいファンデーションを塗る。こうすると立体感が出る。

アイホールも忘れずにファンデーションを塗る。

顔の端まではファンデーションを塗らず、境目をぼかす。

シェーディングをする場合はあごの色の濃い部分ファンデーションを一度ティッシュオフしたあと、１トーン暗いファンデーションを塗る。

唇にもファンデーションを塗り、輪郭をぼかす。

印象が変わる！　勝ち眉の描き方

眉の形は、顔の印象を大きく左右します。

流行は年々変わりますが、大人を美しく見せる理想的な形は、基本的に同じです。

ここでは、理想的に整った眉の描き方を紹介しましょう。

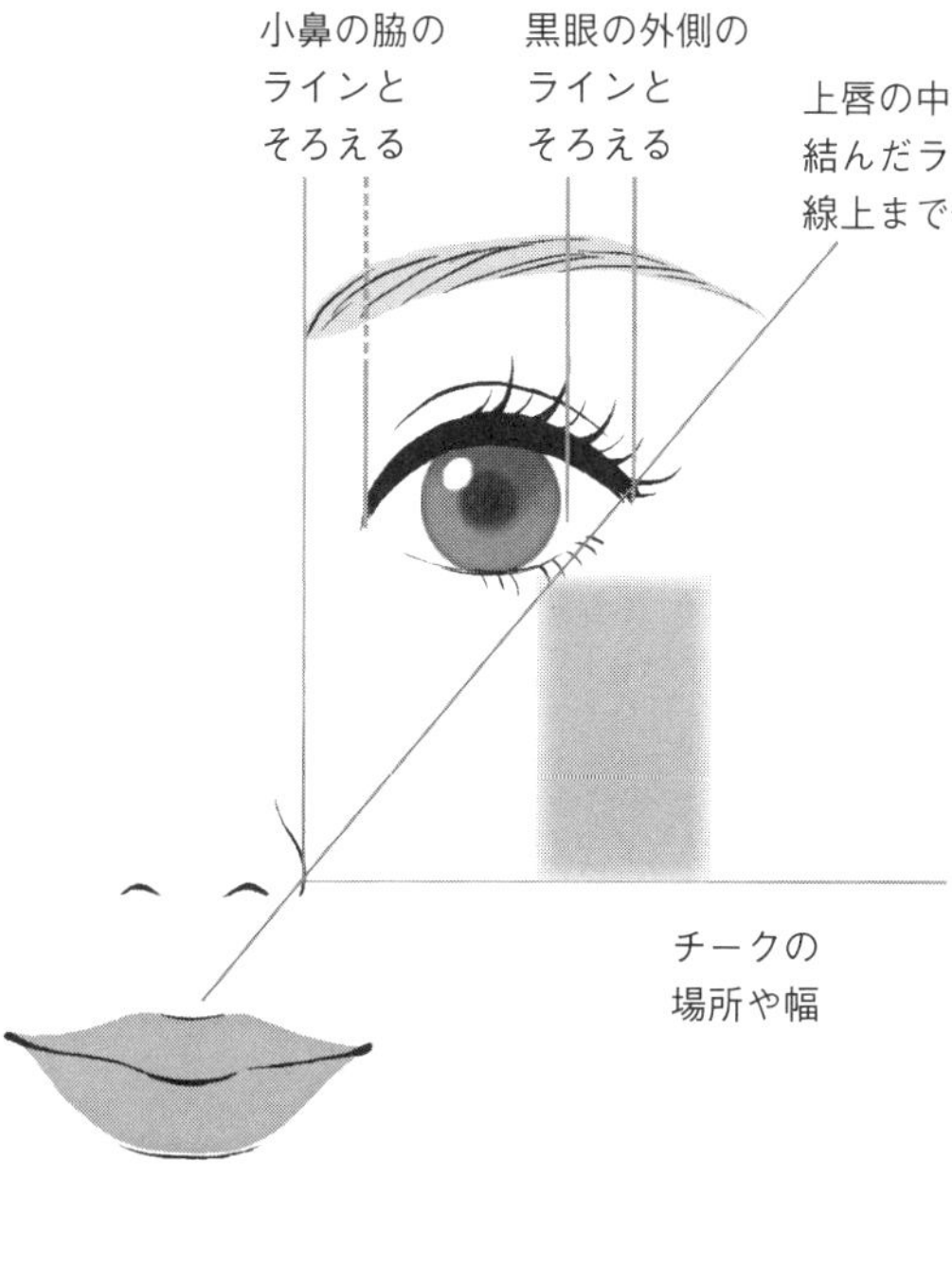
小鼻の脇の
ラインと
そろえる
黒眼の外側の
ラインと
そろえる
上唇の中心と目尻を
結んだラインの延長
線上まで伸ばす
チークの
場所や幅

若い頃より顔の印象がボンヤリしてきた……そんな時は、アイメイクをしっかりすることでキリッとした印象に戻しましょう。時間が経っても色がぼやけないコツを伝授します。

point

あらかじめファンデーションを薄く塗っておくと崩れにくくなる。

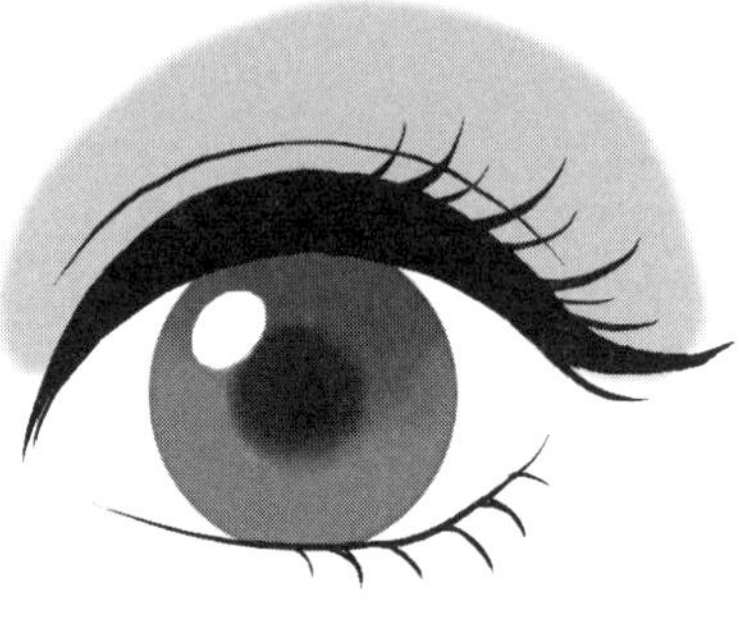

1 アイホールに、ポイントとなる濃い色のアイカラーを塗る。

point

濃い色から薄い色の順で塗ると、時間が経っても崩れにくく、ぼやけない。黒目の上あたりに明るい色のアイカラーを。

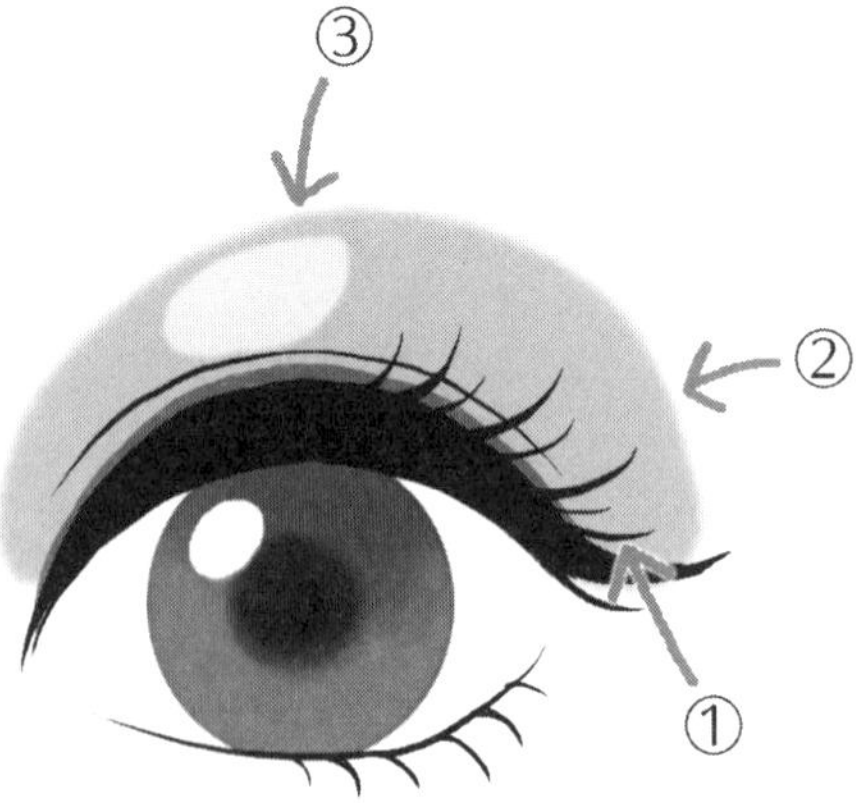

2 ①濃い色のアイラインを引く。②重ねて薄い色、③明るい色のアイカラーを塗る。

大人のリップメイクは、たとえナチュラルカラーを使うにしても、輪郭をしっかり描くことが大切。落ちにくく、立体感を出すテクニックを身につけてください。

point
輪郭をぼかすように、唇にファンデーションを塗っておく。その上から描くと、輪郭がくっきりする。

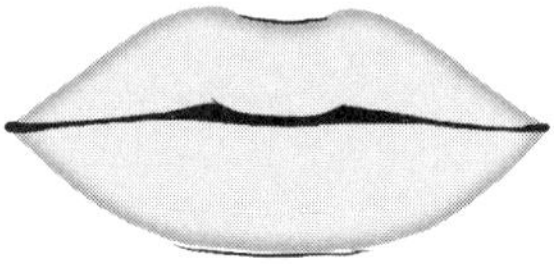

1 濃い色の口紅を紅筆にとり、唇の輪郭を描く。

point
輪郭を一度ティッシュオフすることで、色がしっかりとどまり、美しさが長持ちする。

2 ティッシュを唇に当てて軽くティッシュオフし、唇の内側を好みの色で塗る。唇の上下の中心に白いカラーパウダーを乗せる。唇を大きく濃い色にすると大人っぽく仕上がり、唇を小さく薄い色にすると若い仕上がりになる。

お悩みを解消！　お助けメイク術

顔を細く見せたり若々しく見せたりするのは、ポイントメイクの技です。
ベースメイクがしっかりついていれば、濃いメイクをする必要はありません。
さりげなく、でもしっかり効果のあるポイントメイクのコツをまとめました。
ぜひ、参考にしてください。

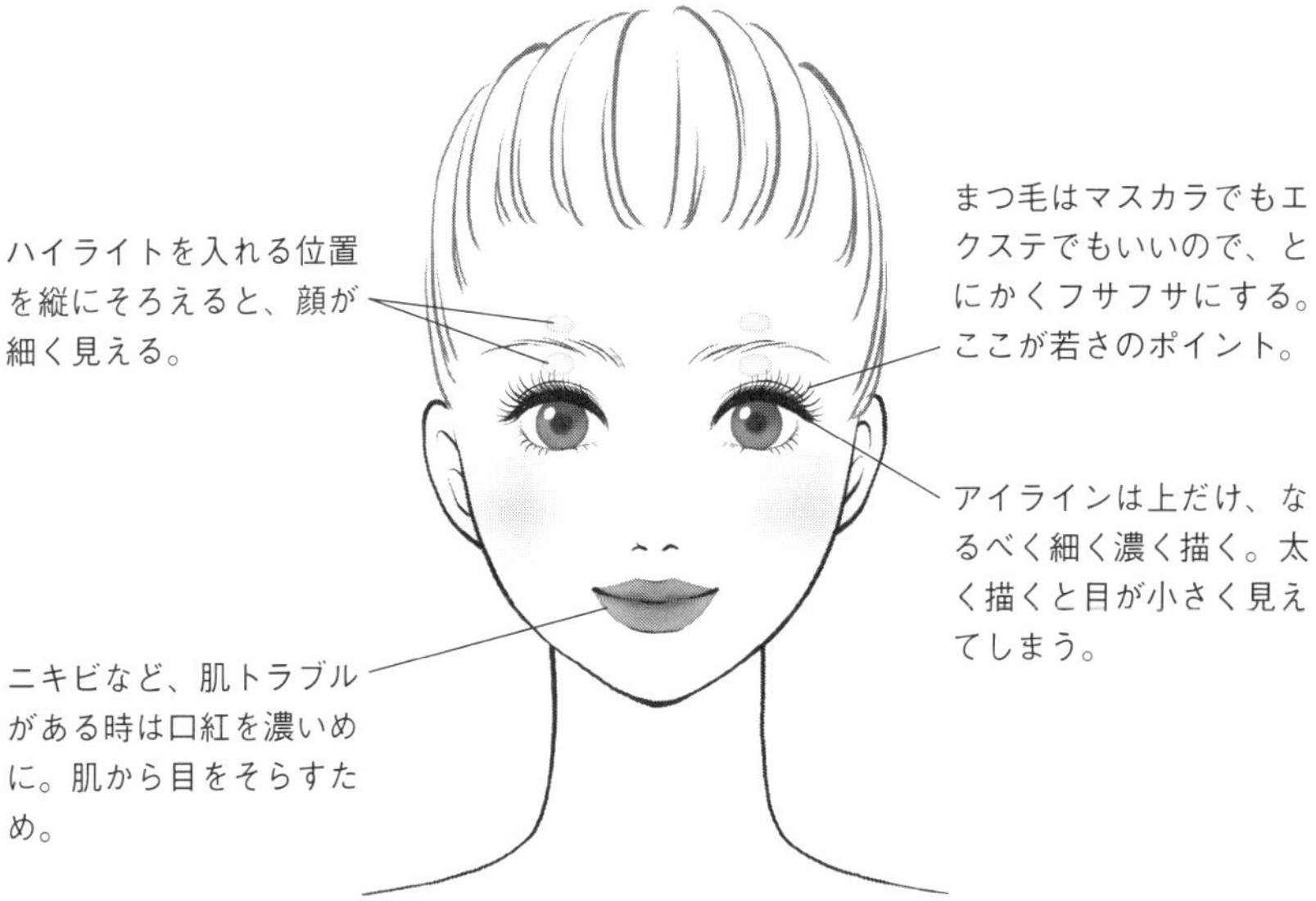
ハイライトを入れる位置を縦にそろえると、顔が細く見える。
まつ毛はマスカラでもエクステでもいいので、とにかくフサフサにする。ここが若さのポイント。
アイラインは上だけ、なるべく細く濃く描く。太く描くと目が小さく見えてしまう。
ニキビなど、肌トラブルがある時は口紅を濃いめに。肌から目をそらすため。

幸せを引き寄せる！　勝ちモテメイク

昔から言われている開運メイクを、勝ち肌流にアレンジしました。

光の当たるところをピカピカにして、ピンクやオレンジのチークを使うと、モテオーラが出てハッピー感がマックスになります。

このメイクを指導していると、「結婚できた」とか「仕事がうまくいった」などという声が本当に多く聞かれます。

人を惹きつけてハッピーになる、勝ちモテメイクを、ぜひマスターしてください。

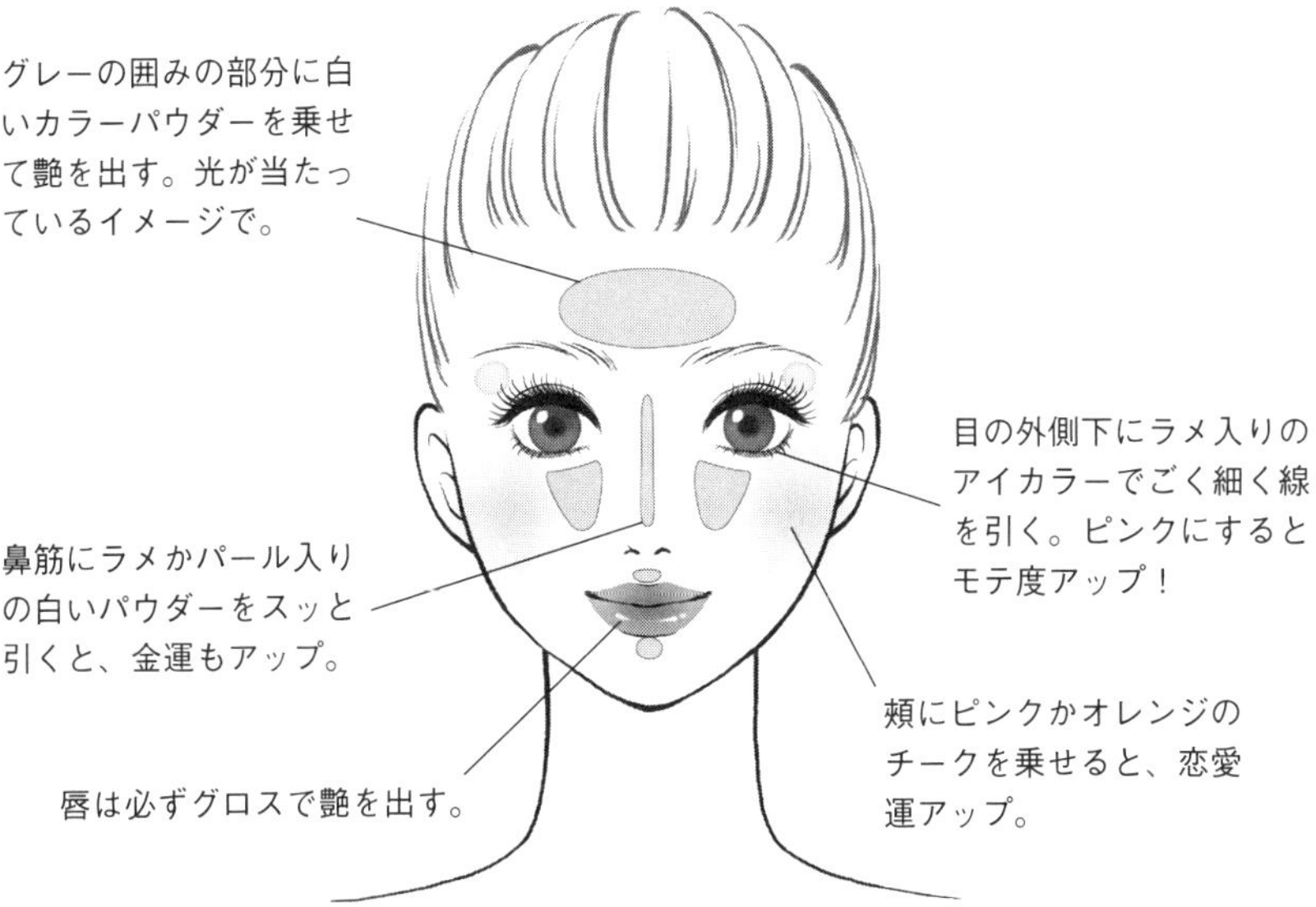
グレーの囲みの部分に白いカラーパウダーを乗せて艶を出す。光が当たっているイメージで。

目の外側下にラメ入りのアイカラーでごく細く線を引く。ピンクにするとモテ度アップ！

鼻筋にラメかパール入りの白いパウダーをスッと引くと、金運もアップ。

頬にピンクかオレンジのチークを乗せると、恋愛運アップ。

唇は必ずグロスで艶を出す。

全身をケアして「負けない体」に！

勝ち肌ボディケア

年齢を重ねてボディラインが変化しても、見て見ぬふりをしていませんか？　体のケアをおざなりにしていると、顔の肌にもその影響が表れます。体から健康に美しくなるケアを始めましょう！

10歳若返る！　勝ち肌式「美姿勢」

せっかく肌がきれいになっても、姿勢が悪ければ年齢以上に見えてしまいます。姿勢を良くすれば、若々しくなるだけでなく、首が伸びて顔の血流が良くなります。内臓の位置も整い、体調も良くなります。まずは壁に背中をつけて、正しい姿勢を学んでください。

point

この姿勢を、壁から離れても常に保つこと。最初は疲れるけれど、慣れればむしろ楽になる。

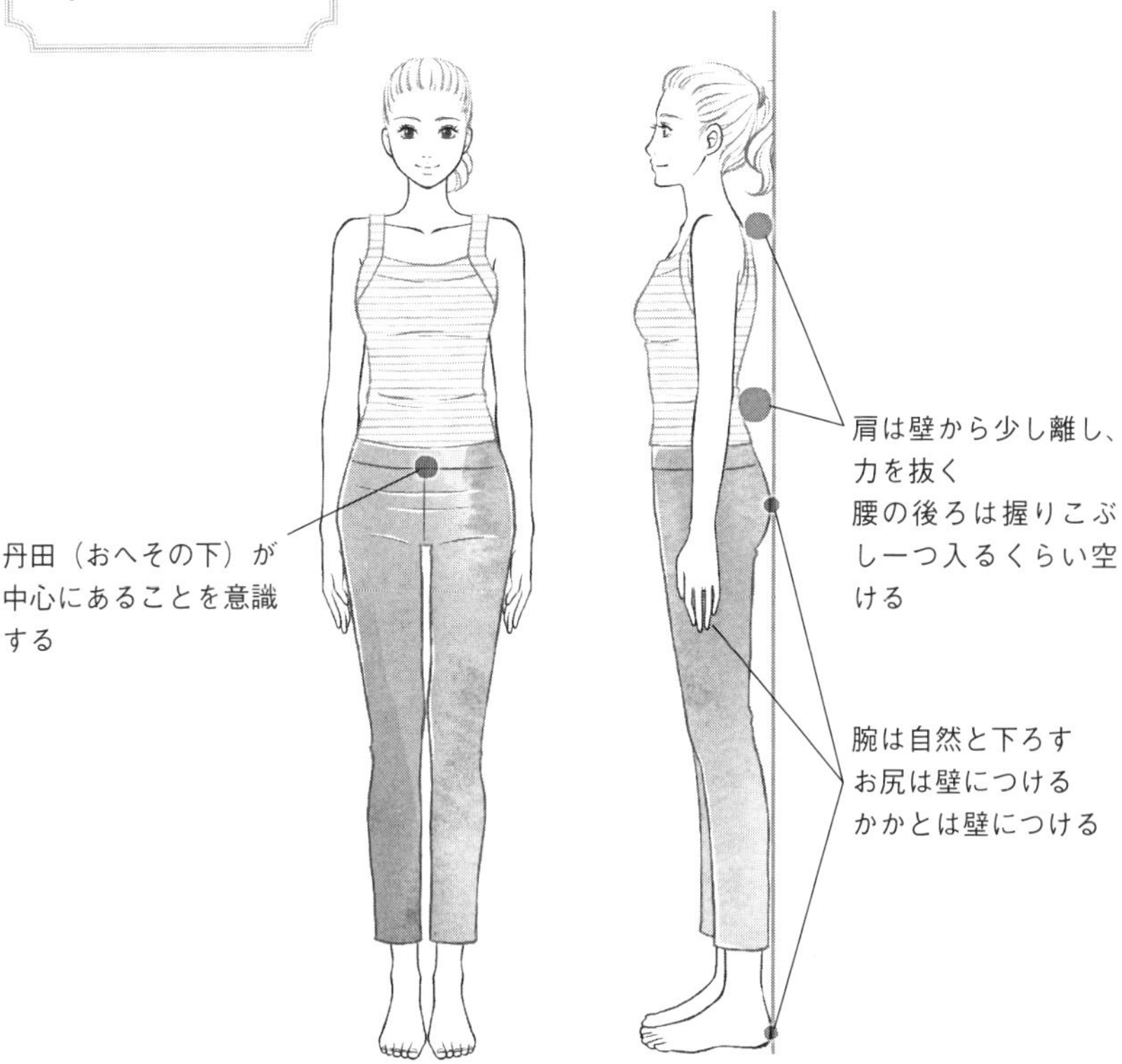
丹田（おへその下）が中心にあることを意識する
肩は壁から少し離し、力を抜く
腰の後ろは握りこぶし一つ入るくらい空ける
腕は自然と下ろす
お尻は壁につける
かかとは壁につける

春夏秋冬、ずっときれいに!

季節ごとのお手入れ

勝ち肌を保つケアは、一年中同じではいけません。暑い時と寒い時、乾燥している時とそうでない時、紫外線が強い時と弱い時では、お手入れ方法が違います。それぞれの季節に合ったケアをして、一年中きれいをキープしましょう。季節ごとのおしゃれや生活習慣のポイントも紹介します。

不安定な肌に勝つ! 春のお手入れ

厳しい冬が終わって春になると、ぽかぽか陽気に心が弾みますね。でも、春は紫外線が強くなる上に、まだ乾燥も厳しい季節。不安定な肌を刺激しないように、やさしくケアして夏に備えましょう。

1 ローションパックに乳液をプラスする

春は意外と乾燥していて、ホコリや花粉で肌がダメージを受けやすいもの。週２回のローションパック（77ページ参照）をする時､化粧水に乳液を混ぜてパックしましょう。しっかり保湿すれば、紫外線にも負けない肌になります。

2 ケアの最後にタッピングをする

目が覚めにくい春の朝は、肌もなかなか目覚めてくれません。スキンケアの最後に、頬を下から上へ軽く叩き上げましょう。血色が良くなり、顔が引き締まる効果があります。

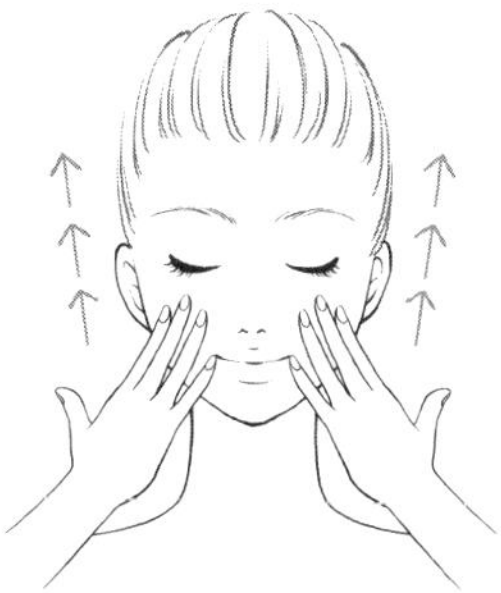

3 ファンデーションは冬物を使い続ける

紫外線が強くなってくると、夏用ファンデーションに切り替える人は多いでしょう。しかし、夏用ファンデーションは肌の水分を奪う作用が強いので、なるべく長く冬用を使うのが正解。汗で崩れるのが心配なら、冬用ファンデーションをごく薄く伸ばして使いましょう。

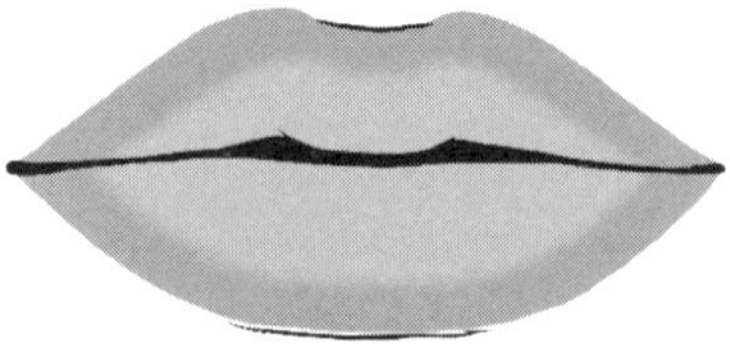

4

春色リップは内側に塗る

春は、化粧品各社が新色の口紅を発売します。春らしい明るい色をつけてみたいけれど、明る過ぎてボンヤリしそう……そんな時は、いつもの口紅で唇の輪郭を塗り、内側に新色を塗ってなじませます。どんな色でも使いやすくする裏ワザです。

5

目を温めて疲れを取る

3月から5月にかけて、紫外線が急激に強くなると、目が疲れるものです。帰宅したら、疲れた目を休ませるためのホットパックをしましょう。夜のお手入れのあと、目を覆うようにラップをかけ、スチームタオルを当てて15分。血行が良くなり、疲れ目が解消します。

6 睡眠を多めにとる

　昼と夜の寒暖差が激しい春は、体が温度差についていけず、疲れやすくなったりだるくなったりします。疲れを取るために、睡眠をいつもより多めにとりましょう。午後10時〜午前3時の睡眠は美肌の黄金タイムです。

7 服装と髪型で顔を明るく見せる

　体調を崩しやすい春は、顔がむくみやすく、顔色も沈みがち。顔を小さく、明るく見せるために、トップスの襟元はV字に大きく開いたものを選ぶのがおすすめです。顔のむくみが特に気になる日は、前髪をあげると、顔が明るく細く見えます。

紫外線に負けない！　夏のお手入れ

夏は肌にとって過酷な季節。強い紫外線でダメージを受けながら、肌がベタベタするからといってスキンケアを怠ったり、石鹸でゴシゴシ顔を洗ったりしてしまうからです。傷ついた肌ダメージがシミやシワに変わらないように、夏こそしっかりケアをしましょう。

1　日焼け防止のパックをする

夏は肌が潤っているような気がしますが、実は汗が多いだけで水分は不足しています。乳液を加えたローションでパックして、水分を閉じこめましょう。皮脂でメイクが崩れがちなＴゾーンや、日焼けしやすい頬骨のあたりを特に念入りに。日焼けしたあとには、ぜひ毎日行ってください。

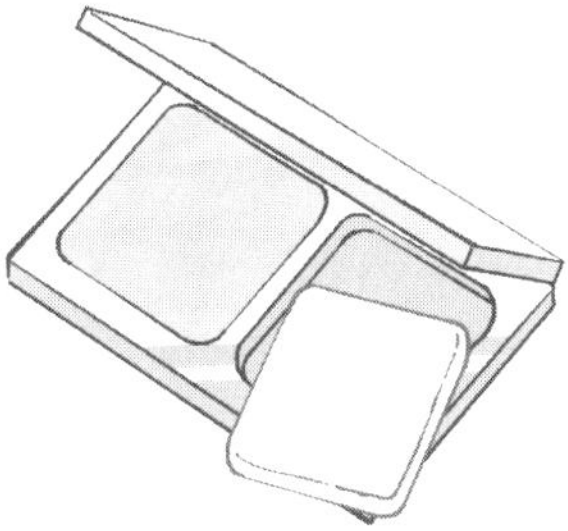

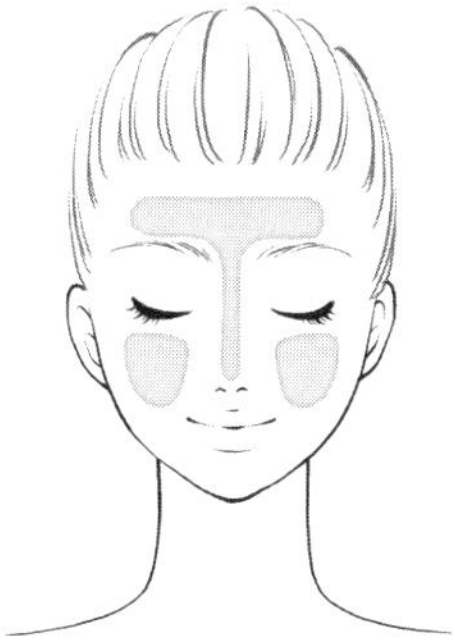

2 夏用のファンデーションは薄くつける

汗に強いと謳う夏用のファンデーションは、汗を止める油分が多く配合されています。特にリキッドタイプは落とすのが大変なくらい強力で、あとで肌がカサカサになることも。どうしても夏用を使うなら、パウダータイプを部分的に使いましょう。普通のファンデーションを全体に塗り、Tゾーンなど汗をよくかく部分だけ夏用にするのです。１トーン明るく、艶のあるタイプを選ぶと、顔色が良く見えます。

3 ファンデーションはすぐ落とす

過剰に分泌した顔の皮脂は、放っておくと酸化して肌を刺激します。夏は帰宅したら、すぐにファンデーションを落としましょう。朝もなるべくギリギリまでファンデーションを塗らず、メイクをしている時間を短くすることが大切です。もちろん、勝ち肌ルールではメイクを落としたあと、洗顔はしません。

4 ノーメイクの日は日中に1度顔を拭く

朝お手入れをしたら夜まで何もしない人が多いでしょう。でも、夏の皮脂はこまめにオフすることが大切。午後3時くらいに一回、化粧水をつけたコットンで顔を拭き、化粧水や乳液などをつけ直します。そして夜、お風呂に入ったあと再びスキンケアをしてください。

5 日焼け止めは重ねづけする

Part 2でも触れましたが、日焼け止めはSPF値が低いものを重ねづけします。SPF10～15くらいの乳液、化粧下地、日焼け止め、ファンデーションを重ねづけすると肌にやさしく、効果も保てます。PA値は逆に、＋の多いものを一つ投入するのが正解です。

くすみ肌に勝つ！　秋のお手入れ

秋は一年で一番肌がくすむ季節です。急に気温が下がって血流が悪くなり、顔色が一段暗くなります。春と同じく寒暖差が激しいことから、体調も崩れがちです。メンタルも沈みがちなこの季節、美しい肌をキープすることで気分をアップさせましょう。

1　保湿でシミを予防する

夏に浴びた紫外線がシミになる前に、しっかり保湿をして封印しましょう。秋はこれまで以上にローションパックをする、ビタミンCを意識して摂るなど、夏に引き続きシミ対策をお忘れなく。

2 頭皮マッサージで血流を促す

顔の血流を良くして肌を温めるために、秋は頭皮マッサージを積極的に行いましょう。それに加えて、生え際を指圧したり、髪の毛をところどころつまんで引っぱったりすると効果的です。頭部には全身につながるツボがあるので、気になる部分を刺激するのもおすすめです。

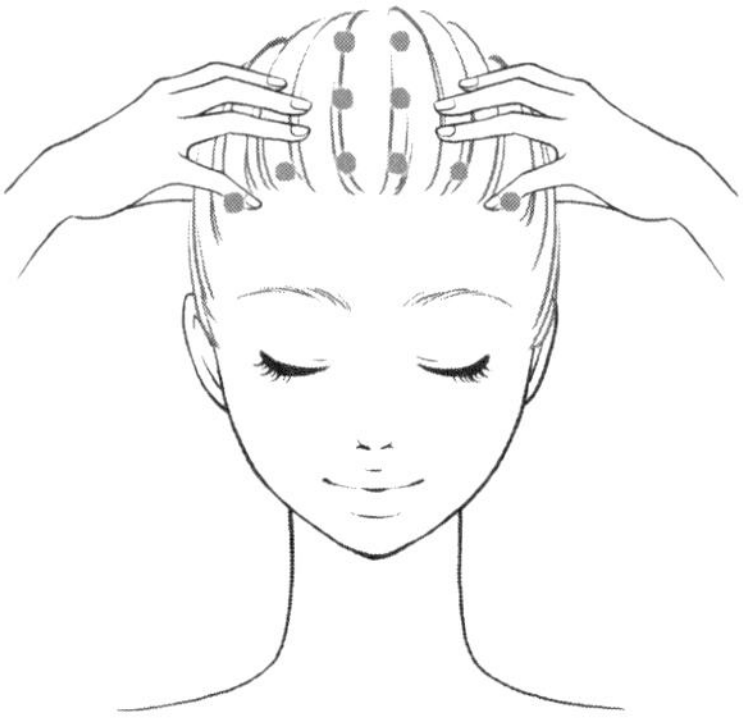

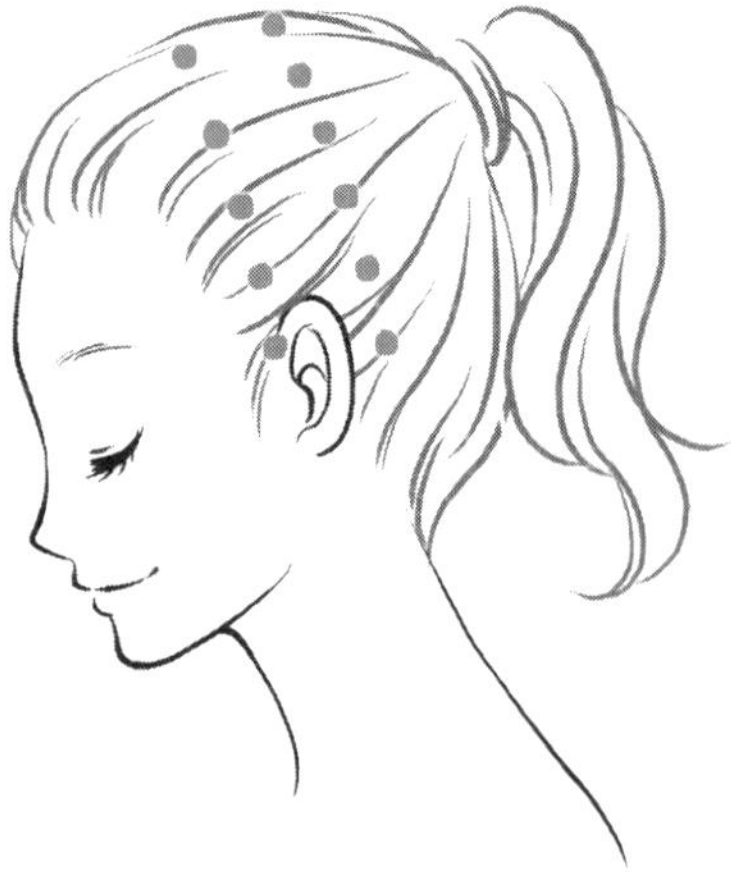

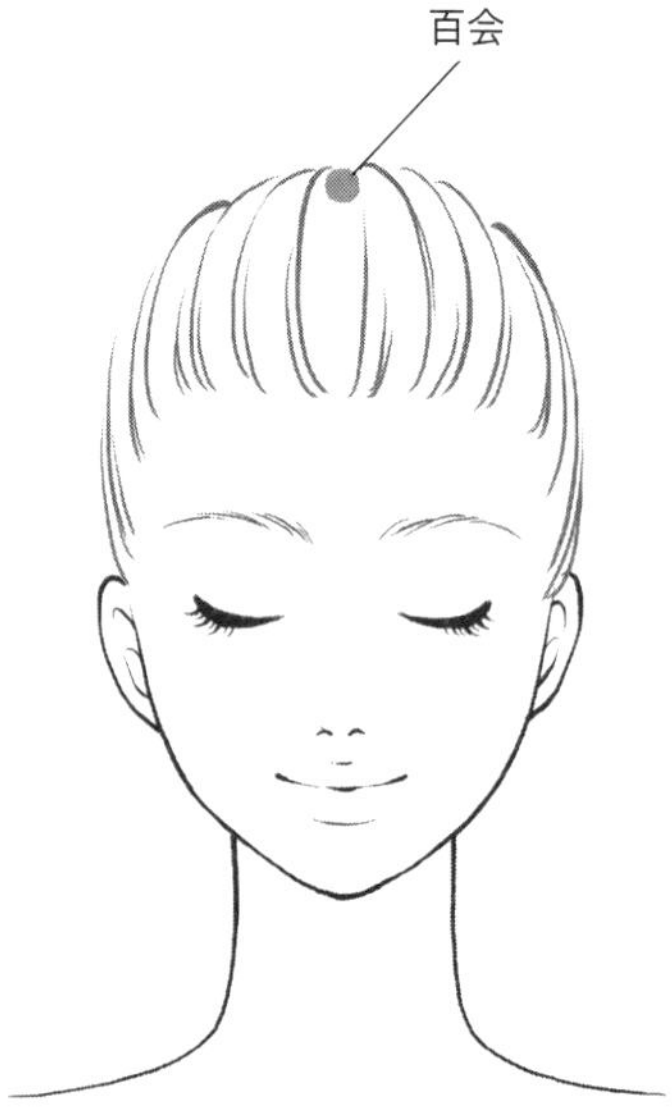

3 ファンデーションで艶を出す

　秋に新発売となる口紅やアイカラーは、カラフルな夏と違い、こっくりとした深く暗い色になります。それに合わせて、ファンデーションはクリームタイプでしっとり感を出しましょう。仕上げのパウダーを使わず、艶を出したほうが顔色が良く見えます。

4 秋色を身にまとう

　春服や夏服はよく買うけれど、秋服はあまり買わないという人は多いのでは？　秋は冬ほど防寒の必要もなく、春や夏ほど気持ちが華やぐこともないので、あまり買う気にならないのですね。でも、秋は寒い冬に向かって、ただでさえ気分が沈む季節。秋らしいボルドーやマスタード、焦げ茶の服をまとって、気分を上げていきましょう。おしゃれを楽しむ気持ちは、ホルモンバランスを良くする効果にもつながります。落ち着いた色の秋服は、秋の口紅やアイカラーにもマッチします。

5 毎日軽い運動をする

　夏はあれほど汗をかいていたのに、秋になったら全然かかない……そんな人は、体温が上がらず、肌も体も調子が上がりません。1日1回は軽い運動やストレッチをして、軽く汗をかきましょう。その際、水分と一緒にミネラルを補給することをお忘れなく。

乾燥に負けない！　冬のお手入れ

冬は、冷たい風に当たるだけでも肌がピリピリする厳しい季節。一瞬たりとも肌を乾燥させないように、しっかり保湿と水分補給をしましょう。冷えやすい体を穏やかに温めることも大切です。次の春を明るく迎えるための、ちょっとリッチなお手入れを紹介します。

1　保湿クリームを朝晩使う

冬はなんと言っても乾燥が大敵。夜のお手入れだけでなく、朝にも少量の保湿クリームを使いましょう。メイク落としは、クリームタイプのクレンジング剤を使うとしっとり感を得られます。乳液や美容液も、油分の多いものに換えるのがおすすめです。

2　ハンドラッピングで顔を温める

乾燥した空気に敏感になりがちな冬の肌。クレンジング剤やクリームなどをつける時は、１回ごとに「ハンドラッピング」をします。手のひらでクリーム類を温めて、顔に伸ばし、手で顔を温めながらそっと乗せていくのです。冬眠中の休息モードの肌にしっかりと栄養を蓄えて、春に備えましょう。

3

UVケアを怠らない

　夏は日焼け止めを欠かさなかったのに、冬になったら全然使ってない……こんな人は多いはず。冬でも雨の日でも雪の日でも、紫外線は絶えず降り注いでいます。その上、冬は肌が乾燥しがちで紫外線のダメージを強く受けてしまいます。日ざしが弱いからと言って油断せず、きちんとUVケアをしましょう。

4

しっかりメイクをする

　服装が重めの冬にナチュラルメイクをすると、顔がボンヤリしてしまいます。年末年始のご挨拶やクリスマスのパーティーなどでは特に、しっかりメイクできちんとした印象を作ることが大切です。アイラインは黒で引き、口紅もはっきりした色で。眉もキリッとした形に書くと、顔の印象が引き締まります。

5

水分とともに塩分を摂る

　乾燥する季節は、体内も水分不足に陥りがちなので、こまめに水を飲みましょう。その際、少しの塩分を一緒に摂るようにすると、肌がみずみずしくなります。スポーツ飲料を水で薄めたものを飲むとよいでしょう。ただし、摂り過ぎるとむくみが出るので要注意。むくみが気になる人は、蒸留水を飲んでください。

6 「首」と名のつくところを温める

冬に体を冷やさないためには、「首」と名のつくところを温める服装をしましょう。首にストールを巻いたり、手首にアームカバーをつけたり、足首をレッグウォーマーで覆ったり。そうするだけで顔の血行が良くなり、肌にハリや艶が出てきます。

7 岩盤浴で汗をかく

寒い冬は、軽く動くくらいでは汗が出ません。かと言って、寒さで体がこわばっているのに、激しく運動するのは無理があります。軽く汗をかけるように、岩盤浴や低温サウナなどに行くとよいでしょう。ただし、高温サウナは皮膚の表面が通常より乾燥するので避けてください。

8 寝る前にストレッチをする

冬の体は寒さに縮こまって、こわばっています。寝る前にストレッチをして、筋肉を隅々までほぐしましょう。両手をバンザイしたり、背伸びをしたりする程度の軽い動きをするだけで、ぐっすり眠れてスッキリ目覚められます。寒い部屋で体が冷えてしまうことのないように、短時間で切り上げましょう。

美の秘けつは「食」にあり！

勝ち肌フード

きれいな肌を作るのは、スキンケアやメイクだけではありません。日々口にする食べ物が、美しい皮膚を生み出す健康な体を作り上げるのです。肌も体も健康になる「勝ち肌フード」を紹介しましょう。

体を温める！　勝ち肌スープ

私は昔から和食の粗食が大好きです。シンプルで続けやすい、身体に本当にやさしく肌にうれしい、根菜たっぷりのスープを紹介します。根菜の多くは、栄養豊富で体を温める作用があります。水溶性の栄養素も、スープであれば余さず摂取できます。体が弱かった私は、このスープで体質改善ができました。野菜の形をなるべくそのままに、ゴロゴロと煮込むことで栄養価がアップします。

体にやさしい！　肌にうれしい！
根菜たっぷりスープ

【材料】
なるべく季節の旬の野菜を使います。
ダイコン
ジャガイモ
玉ねぎ
ニンジン
サツマイモ　など、お好みの根菜でOKです。

【作り方】
素材の風味やうま味も残すため、きれいに洗ってなるべく皮ごとブツ切りで使います。
○和風だし、もしくはコンソメスープの素を入れて落としぶたをし、ひたひたの量で煮込みます。
和風だしを使う時は、お酒としょうゆも適宜入れて味を調整します。

毎日食べよう！　発酵食品

発酵食品は、低分子化されているので消化吸収が良く、善玉菌が豊富なので腸の調子を整えます。

体を温める作用もあるので、体温が上がり、肌が活性化し、免疫力もアップします。

発酵食品をよく食べる地方の人は健康長寿だというデータがあるくらいです。

健康な美しさのために、1日1回は発酵食品を食べましょう。

よく見てみると、私たちの生活には発酵食品がたくさんあります。
自分のライフスタイルに合わせて、発酵食品を取り入れてみましょう。

調味料……醤油　味噌　酢　塩麹　コチュジャン　豆板醤　など
飲み物……甘酒　紅茶　烏龍茶　プーアル茶　など
食べ物……ぬか漬け　すぐき漬け　キムチ　ザーサイ　ザワークラウト　など

point
チーズやヨーグルトも発酵食品だが、植物性食品のほうが脂肪が少ないのでおすすめ。

究極の美肌食品！　甘酒を作ってみよう

今大ブームの甘酒は、「飲む点滴」と言われるほど栄養豊富な発酵食品です。

美肌を生み出すアミノ酸とビタミンB群が豊富で、100種類以上の栄養素とともに、腸を整える乳酸菌や、代謝を高める酵素、美白効果のあるコウジ酸も含まれています。

1年半毎日作っていた私の「甘酒レシピ」を伝授しましょう。

究極の美肌食品である勝ち肌式甘酒を、ぜひお試しください。

甘酒の作り方

【材料】
米麹（冷凍した場合は解凍してから使用する）　250グラム
ご飯　200グラム

【作り方】
①炊きあげたご飯に2リットルの水を加え、炊飯器でおかゆを炊く。炊きあがったら、人肌くらいの温度まで冷ます。
②米麹をパラパラにほぐしておかゆに混ぜる。
③炊飯器のふたを開けたまま布巾をかけ、保温モードにする。
※鍋で作る場合は、ふたをしてこたつ（強）の中へ。夏なら炊飯器を保温に設定する。
④1〜2時間ごと全体をそっとかき混ぜ、8時間放置すればできあがり。

point

発酵が足りない場合は、60度まで加熱して再度保温する。60度以上では菌が死んでしまうので、温度管理は慎重に。

飲めば美肌になれる　紅茶&エゴマ茶

Part2では、水分補給として「水が一番」と述べましたが、美容と健康に良いお茶であれば、ぜひ1日3~4杯くらいは飲んでいただきたいと思います。

私のおすすめは、紅茶とエゴマ茶です。

紅茶も実は発酵食品です。紅茶には、ポリフェノールの一種「テアフラビン」が豊富に含まれています。緑茶と紅茶は同じように茶の葉からできていますが、テアフラビンは緑茶には含まれていません。茶葉を発酵させることで、カテキンが酸化してテアフラビンが生成されるのです。紅茶の赤い色の正体は、このテアフラビンです。

テアフラビンには糖の吸収を妨げ、血糖値の上昇を抑制する効果があります。コレステロールの低下作用やがん予防効果もあるとされます。抗菌作用もあり、虫歯予防にも効果的です。

また、疲労回復効果のあるカフェインや、リラックス作用のあるテアニンなど、他の健康成分も色々と含まれています。発酵食品なので、非発酵茶と違い、体を冷やさないのが嬉しいところです。

また、エゴマ茶は、シソ科の植物であるエゴマの葉を原料にしたお茶です。エゴマの葉には、ポリフェノールの一種「ロズマリン酸」が豊富に含まれています。ロズマリン酸は、糖尿病や認知症の予防効果が期待される成分です。お肌にとって最大に良いことは、皮膚内のしっとり成分「ヒアルロン酸」が壊されることを抑制してくれることです。水に溶けやすく熱に強いので、お茶にしても摂取しやすいと考えられます。

他にもビタミンCやビタミンK_1、ビタミンK_2、ビタミンE、ミネラル類といった栄養素が含まれており、生活習慣病予防につながります。強い抗酸化作用もあり、アンチエイジング効果、美肌効果もあります。

紅茶と違い、あまり店頭で見ることのないエゴマ茶ですが、ネット通販などで入手できます。どちらも無農薬栽培の上質なものを選びましょう。

おわりに

皆さま、最後まで読んでくださってありがとうございます。

本書で紹介してきた「勝ち肌ケア」はいかがでしたか？　普段のお手入れと比べて、「ちょっと大変かも……」と思われたかもしれませんね。

そういう方には、全てのケアを一度にしようと思わず、取り入れやすいものから実践していただくことをおすすめします。その時はＰａｒｔ２の「勝ち肌ルール」の基本をしっかり頭に入れて、自分のお肌に合ったお手入れをするように心がけてください。

正しいお手入れをしていれば、肌は必ず目で見えて変わってきます。すると、次々に「他のケアもやってみたい」と思えてくるようになってくるでしょう。

私がサロン経営とともに化粧品の開発を始めたのは、「自分が安心して使える化粧品」があったらいいなと思ったからです。試行錯誤の末、限りなく理想に近い化粧品ができ上がってからは、サロンで多くのお客様方にご紹介をしてきました。

オリジナル化粧品は大変好評で、リピーターになってくださる方も、おおぜいいらっしゃいます。でも、お話をうかがうと、残念ながら使い方を誤っている場合も多いのです。

化粧水が乾く前に乳液を使ったり、乳液と美容液を混ぜて使ったり、スキンケアは省略するのに、洗顔は必要以上に念入りにダブル洗顔をしたりと、肌の悩みが思ったほど早く解決しない方のお話を伺うと、何かしら違ったお手入れをしてしまっています。

冒頭でも述べましたが、化粧品は使い方で8割決まります。たとえ最高品質の化粧品でも、使い方を誤れば十分な効果を得ることができません。

逆に言えば、一般的な化粧品でも、正しく使えば120％の効果を得ることができるのです。普段お使いの化粧品で効果が出ていない方は、「勝ち肌ケア」に切り替えてみてください。お手元の化粧品を、ぜひ十二分に生かしていただきたいと思います。

私は肌が弱くて長年悩んできたので、「肌の美しさがどれほど生きる糧になるか」をとても実感しています。肌がきれいなら、自信を持って人と接することができますし、いつでも明るく笑えるようになります。

そうすれば、周りに人が集まってきて、何かと幸せに感じ、心が豊かに感じることができるでしょう。すると、自分も力を得ることができ、周りに恩返しをしたりして、人の輪がどんどん広がっていきます。肌がきれいなら「人生に勝つ」こともできるのです。

私の肌が変わったように、皆さまも美しい肌になって、人生を「勝ち」に変えていただければ、これほど嬉しいことはありません。

本書では紹介しきれなかった、ピカピカの「勝ち肌」で幸せになれる方法がまだまだたくさんあります。これからも可能な限り、皆さまお一人お一人ずつお会いし、思いや考えを伝えていけたら、そして、私の一冊目の著書となる本書がきっかけとなり、一人でも多くの皆さまが「勝ち肌」で幸せをつかんで豊かになられることを心から願っています。

次回の著作でも皆さまにお会いできますことをとても楽しみにしております。

2018年3月

株式会社アヴァンダンティア　代表取締役　今井悦津子

「勝《か》ち肌《はだ》」を手《て》に入《い》れて幸《しあわ》せになる！

2018年5月15日　初版第1刷

著　者 ―――――― 今井悦津子《いまいえつこ》
発行者 ―――――― 坂本桂一
発行所 ―――――― 現代書林
〒162-0053　東京都新宿区原町3-61　桂ビル
TEL 03(3205)8384　振替 00140-7-42905
http://www.gendaishorin.co.jp/

カバー・本文デザイン ―― 山下可絵
本文イラスト ――――― チバサトコ
写真撮影 ―――――― 株式会社オフィス102

印刷・製本　広研印刷㈱　　定価はカバーに表示してあります。
乱丁・落丁本はお取り替えいたします。

ISBN978-4-7745-1700-1　C0077